青春文庫

50代からの「思考のコリ」をほぐす本

知的生活追跡班［編］

青春出版社

自分のセカンドライフにぴったりの〝羅針盤〟が見つかる本

60代はもちろんのこと、70歳、80歳になっても第一線でバリバリと仕事をこなしている人がいる。一番豊かなときにリタイアするなんてもったいないというのだが、彼らにしてみれば、50代はまだまだ〝ひよっこ〟に映るらしい。

ひとつ確かなのは、やがて誰にでも訪れるシニア・ライフを充実したものにするためには、下準備が欠かせない、ということだ。そこで本書は、どんな局面にあっても、人生の後半戦を楽しむことができるようになる、とっておきの〝ツール〟を紹介している。そのカギをにぎるのが〝やわらかい思考法〟だ。

たとえば、逃げ場を残したポジティブワードは人生を〝軽く〟してくれるとか、「終のすみか」をシミュレーションすると〝新しい世界〟が見えてくる――など、自分の思考のクセを見つめ直すことで、毎日が不思議と楽しくなってくる。

あなたの人生の「下り坂」を足元から照らす羅針盤となれば幸いである。

２０２４年２月

知的生活追跡班

50代からの「思考のコリ」をほぐす本◆目　次

1 50歳の〝壁〟を突破するロードマップをつくる　9

「行動」と「考え方」を変えるだけで、幸運は向こうからやってくる　10
電車の中の「読む」「書く」習慣で、ひと味違う発信力を身につける方法　15
次のライフステージがわくわくしてくる　「思い込み」と「経験値」の法則　20
具体化＋数値化で、次の目標はグッとリアルになる　25
「終のすみか」をシミュレーションすると見える〝新しい世界〟　29
未来を一望できるロードマップを描くと、人生に迷わない　34
これからの人生をデザインするための「自分の時間割」のつくり方　38

2 「思考の手順」を変えると、人生の迷いが消える 43

逃げ場を残したポジティブワードが、人生を〝軽く〟する 44
頭と体がきかなくなったら、小さなステップでゴールを目指す 49
「誰にでもいい顔をする人」の逆を行くのが信頼の近道 55
それまでの〝重荷〟から解放されたとき、自分が主人公のドラマが始まる 62
体幹のブレをなくすための「人生の五計」との向き合い方 70
人生最終盤で誰もが頭をよぎる〝4つの後悔〟とは？ 76
第2ステージの人の心を照らす老子と荘子の教えとは？ 83

3 人間心理の法則が明かす〝10年後に笑う〟生き方 87

〝生き直し〟へのモチベーションは、「心理的報酬」から考える 88
年齢を重ねても前を向いて生きられる心理テクニックの基本5箇条 94
「もう1人の自分」がいると、人生の後半戦がもっと楽しくなる 101
欲求を持ってはいけない……その心理的ブレーキはかえって危ない 107
自分だけは大丈夫と思い込む「正常性バイアス」のこわい話 115
理想に近づくには、自分への〝いいダメ出し〟が欠かせない 120
集中できない、暗記できない……なら覚えておきたい心理法則とは？ 126

4 「下り坂」は、こう考えるともっと生きやすくなる　131

人間関係を楽にするために、まずすべきこと、やってはいけないこと　132
引っ込み思案タイプが、50代を過ぎて〝飛躍〟することがあるのは？　139
次のステップに進む前には、「集団のなかの自分」を掘り下げてみる　145
「脱・仕事生活」成功のカギを握るのは、小さな出会いの積み重ね　151
怒りを自分でコントロールできる「6秒ルール」とは？　157
何歳になってもときめく出会いがある人は、何を意識しているのか　164
時間が経つのが早くなったと感じたら、生き方を変えるチャンス　169

図版・DTP■フジマックオフィス

1

50歳の"壁"を突破するロードマップをつくる

「行動」と「考え方」を変えるだけで、幸運は向こうからやってくる

■チャンスを確実にものにする準備を

年齢を重ねたからこそわかることがある。そのひとつが、偶然起きる幸運はそれほど多くないということだ。ラッキーな人生を送っているように見える人でも、その陰では他人の何倍もの努力を重ねているからこその結果だということを理解できるのが年の功というものである。

いまや世界が認める野球界のスーパースターである大谷翔平選手は、恵まれた体格や持ち前の野球センス、才能もさることながら、その生活のすべてを野球に捧げているのは周知の話だ。

日本のプロリーグ時代から、先輩に誘われても夜遊びはもってのほか、食事管理

も徹底していて「いかに野球がうまくなるか」という一点だけを追求して生きてきた。その結果が、大リーグで二度のＭＶＰに輝き、いまなお進化を続けるという偉業につながっている。

大谷選手と同じように、体格やセンスに恵まれている人はいるだろう。しかし、彼と同じような努力を続けられる人がどれだけいるだろうか。大谷選手の輝かしい野球人生は、常に努力し、その先にあるチャンスを確実にものにした結果なのだ。

いま現在、表舞台に立って脚光を浴びている人は、そこに行きつくまではもちろんのこと、これからも想像を絶するほどの努力を続けるはずだ。

そうはいっても、自分だって精一杯努力しているのにまったく報われないと感じる人も多いだろう。それは単なる不運ではなく、考え方や行動が幸運を引き寄せるためのポイントをおさえていないからかもしれない。

幸運はただ待っているだけでは出会いにくいのも事実だ。幸運に出会うためには、自分の考え方と行動パターンを変えていく必要がある。

■目標を明確にしてスキルを身につける

幸運を引き寄せるためには、どんなチャンスがいいのか、しっかりと自覚する必要がある。そのための「考え方」は、意外なほどシンプルだ。

まず、その一。目標を明確にする。人生の第2ステージが見えてくる年代にさしかかっているからこそ、具体的な目標を描きたい。仕事や子育てなどが山を越えつつある人も多いなか、これから自分がどう生きていきたいのか、大切にしたいものは何なのか、自問自答するのだ。

振り返ってみれば、20代や30代は若さと体力にまかせてただがむしゃらにがんばることもできた。壁にぶつかればそこで引き返せばよかったし、失敗こそが人生の糧になる時期でもあった。

それから年齢を重ねて圧倒的に体力が低下した50代は、本音をいえばダメージは少ないほうがいいにきまっている。

若さと引き換えに手にした「経験」という強力な武器で、本当に大切なものを見極めたい。自分にフィットした目標を立てられるのは、経験がもたらす知恵のなせる業だといえる。

その二は、目標を達成するためのスキルや知識を身につけることだ。これまでの人生のなかで多くの経験やスキルをすでに手に入れているはずだ。それが活かせる目標なら十二分に活かせばいい。たとえ畑違いの目標であっても、それまでの経験はけっして無駄にはならない。

新しいことを学ぶのは、いくつになってもいいものだ。記憶力が衰えていくのはしかたがないにしても、学ぶことへの純粋な欲求というのは、むしろ若いころよりも高まっているかもしれない。年齢を重ねたからこそ、理解できることも多いはずだ。

■行動しなければ幸運に出会えない

目標が明確になったら、実際に動き出そう。「天は自ら助くる者を助く」という西洋のことわざがあるが、幸運もまた自ら動く者に訪れる。

そもそも「幸運」はどこからやってくるのか。1人で部屋にずっとこもっていても、何かラッキーなできごとが起こる可能性は低い。つまり幸運とは、外の世界の環境や、まわりの人たちがもたらしてくれるものなのだ。

積極的に行動し、人脈を広げよう。多くの人とつながることが、チャンスに出会う確率をグッと高める。

思いがけない人との会話からチャンスをつかめることもあるし、人と人とのつながりがチャンスを増やすことにもなる。

出会いを大切にしていると、「この人と話してみたい」「一緒にやってみたい」というポジティブな気持ちを相手に抱かせることができるし、さらなる出会いにもつながる。

どんなに知識とスキルがあっても、1人で完結してしまったら可能性は広がらない。当然、長い人生で育んだ人脈は宝物だが、それに満足せず、まったく違うコミュニティでの人間関係を構築できたら、そのぶん人生は豊かになる。

考え方と行動を変えてはじめて幸運の女神を迎える準備は整うのだ。

電車の中の「読む」「書く」習慣で、ひと味違う発信力を身につける方法

■読み書きの力をアップデートする「15分」

全国の小学校や中学校、高校で取り入れられている「朝読書」は、子どもたちが始業前の15分間で読書をする取り組みだ。

また、行事などが終わるとそれを新聞にまとめるなどといった学習は、NIE(Newspaper in Education)と呼ばれ、新聞を学習教材として取り入れる活動として全国で採用されている。

これらの学習の目的は、子どもたちの「読む力」と「書く力」を伸ばし、情報を正確に読み解いて、それを活用していく力をつけることだ。実際にテストの成績が伸びるなど、大きな成果が報告されている。

読む力と書く力は、さまざまなことを驚くべきスピードで吸収していく子どもたちにとって、大切な学びのひとつであることは間違いない。読む力と書く力、つまり読解力と発信力は社会に出るうえでもっとも重要なスキルのひとつなのだ。

■手習いのための15分

「六十の手習い」ということわざがある。「還暦を過ぎてから習字を習う」という意味で、いくつになっても何かを始めるのに遅すぎることはないことを諭している。

読解力と発信力を伸ばすのにも年齢制限はない。子どもたちが読む力と書く力を伸ばすために行っていることをまずはそっくりマネてみよう。シンプルにして王道、効果も保証されているやり方だ。

とはいえ、まだまだ現役の社会人である50代は、それなりに忙しい生活を送っている。ここで活きてくるのが、時間管理のスキルだ。昨日今日、社会に出た若者と違って、限られた時間をうまくやり繰りして予定をこなす術は鍛えられてきたはずだ。それを遺憾なく発揮して、たとえば、通勤の途中にでも「手習いのための15

分」を捻出するのだ。

■正確に読むための訓練

まず最初にやるのは、読むことだ。なるべく5分程度で読み終わるものが望ましいので、新聞や雑誌のコラム、2～3ページのエッセイなど、無理のないボリュームのものを選びたい。

内容は、いま興味があることや時事ネタ、まったく知らない分野のことなど、どんなものでもいいが、テーマがあるものが取り組みやすいだろう。

用意するのは、シャープペンシル1本だ。文章を一読して内容を大まかに理解したら、大切なところや、印象深い箇所に線を引いたり丸をつけたりして整理する。

これは、「読み解く力」を鍛える練習だ。

何となく読んでいる文章も、重要なポイントはどこなのかと探すことで、全体を分析して読むことができる。そのなかで、あいまいに理解していた語句の意味や正しい漢字の読み方を調べれば、新しい知識が効果的に頭に入ってくる。

語句の意味を正確に理解すると、文章全体がクリアになる。何もむずかしい言葉だけではない。思い込みや間違って覚えていることは意外と多いものだ。それをひとつずつ潰していくのは、おおいに意義がある。

知識が増えれば増えるほど、むずかしい文章でも容易に理解できるようになる。つまり、文章は読めば読むほど「読める」ようになるのだ。

■日本人は発信する意識が高い

文章をしっかり理解できたら、次は要約だ。あくまでも簡潔に内容をまとめてみよう。そこに自分の感想や意見を簡単に書き加えるのだ。

これは文章力を鍛える訓練である。ポイントは、読み手に理解できる文章を書くことだ。自分の考えたことを相手に伝える、つまり「発信力」である。

要約は過不足なく、わかりやすい内容でなければならない。文章全体の要点を正確に理解していないとできないことだ。それを平易な言葉でまとめるのである。

自分の感想を伝えるのは、もっとむずかしい。感情的になってしまえば理解されないし、言葉足らずでも伝わらない。長い文章を書いて意見を伝えるよりも、簡潔な短い文章で伝えることのほうがよほどむずかしいことがわかるはずだ。

たとえば、要約と感想を合わせて100字から200字程度を目安に書いてみる。高校受験や大学受験など、記述問題の多くに「150字程度」「200字以内」とあることからも、この文字数が最低限の発信に適していることがわかる。

ここで、はたと気づくことがある。この字数制限は、X（旧Twitter）の文字制限（無料ユーザーの場合）とだいたい同じだ。日本は世界有数のX大国で、ユーザー数はXが生まれたアメリカについで世界第2位だという。文字制限のあるSNSがこれほど好まれる日本は、発信する意識の高い人が多いといえるだろう。

読む力と書く力を鍛えることは、50歳からの人生を大いに豊かにしてくれる。これくらいの作業量なら通勤電車の中でも充分。電車を降りるまでの締め切り時間があればなおのこと集中できる。

次のライフステージがわくわくしてくる「思い込み」と「経験値」の法則

■「強く思う力」は何かを衝き動かす

苦しいときの神頼みというように、人間は祈りとともに暮らしてきた。世界各地で同じように「神」を思い、祈りを捧げ、ときには途方もない困難に打ち勝つ力を得ていた。

神への祈りに共通するのは、強く願う気持ちである。信仰とその結果起きる奇跡の関係は、軽々と論じられるものではないが、「強く思う力」が何らかの働きをしたのではないかと考えるのは自然な見方である。科学技術が発達するずっと昔から、人類はそのことを知っていたのだ。

科学が発達し、さまざまな知見が集まっていくなかで、数々の研究者がそのことを実験を用いて実証してきた。ポジティブなものもあればネガティブなものもあるが、そのなかで代表的なものを2つ紹介しよう。

■無力感が強まる負のループ

ひとつ目は、アメリカの心理学者セリグマンが行った「学習性無力感」の実証実験だ。犬に電気ショックを与える実験で、片方にはそれを回避できる手段を与え、もう一方の犬には絶対に回避できない状況をつくり出す。

一定の時間が経った後、双方の犬に電気ショックを回避できる条件を与えると、前者の犬は電気ショックを避ける行動をとるのに対して、後者の犬はまったく行動を起こさずに電気ショックを受け続けたというのだ。

これは学習性無力感によるもので、「何をやっても無駄なんだ」と学習してしまった犬は、状況が変化しても自発的な行動を起こす気力を失ってしまう。人間も同様で、無力感が行動力を低下させ、さらにできることが減り、それによって無力感を強めるという負のループをたどることになる。

いったんそのループに陥ってしまうと自力で抜け出すことがむずかしい。無力感を一種のウイルスと考えれば、いったん感染したらなかなか治癒できない症状をつくり出してしまうのである。

■プラシーボ効果は難病を治癒させる？

もうひとつは、「プラシーボ効果」の実験だ。ハーバード大学のビーチャー博士によるもので、偽薬を使用した患者であっても、3人に1人は本当の薬を与えるのと同様の効果が認められたというものだ。

現代では、怪しい医学情報などの文脈で語られることも多いプラシーボ効果だが、プラスに働けば強力な力を発揮する。先述の信仰がもたらす奇跡のなかで、プラシーボ効果である程度説明がつくものもあると考える人も多い。それは、病気の治癒という奇跡だ。

祈りの力で難病を克服したという伝承は、たとえば聖書のなかにもあるように、昔から存在する。イエス・キリストが起こしたという数々の奇跡は、病人の「これで救われる！」と心から信じた思いの力と切り離すことはできないだろう。

■思い込みと経験値は最強タッグになる

小さな子どもたちは「ウルトラマンになりたい！」というような願いを迷わず口にすることができる。少し大きくなっても、「宇宙飛行士になりたい」とか「大統領になりたい」といった大きな夢を語ることができる。自分は何にでもなれるし、何でもできるという万能感に満ちているからだ。

しかし、長く生きるほど大小の挫折を繰り返し、自分の能力に限界を感じていく。そしていつしか、さまざまなことをあきらめてしまう学習性無力感に支配されるのだ。はたして、それは賢いやり方なのだろうか。

人生は誰にでも平等に、一度きりしかない。それなのに自分の限界を決めてしまい、残りの人生を消化していくのが幸せなのだろうか。

いい歳をして馬鹿じゃないかといわれても、「何にでもなれる、何でもできる」という子どものころの気持ちを思い出してみようではないか。たしかに体力は衰えているし、守るものも増え、無鉄砲なことはできないかもしれない。一方で、経験を積んだいまだからこそ、見えるものもあるはずだ。

何度も困難にぶつかった経験があれば、それを上手にかわすやり方や最短ルートで到達できるすべも知っている。失敗してもまたやり直せることも経験済みだ。失うものが多いぶん、リスクを回避する方法を実体験としてわかっていることは、何よりも強みになるだろう。

まだ50代、まだ何でもできる！　と強く思うことから始めたい。思い込むことで行動は積極的になり、実現に近づいていくはずだ。

いままでの自分の経験を踏まえてさらに高みをめざしてもよし、まったく新しいことにチャレンジをするのもよし。これからのライフステージを充実させられるかどうかは、自分の気持ちひとつだと考えればわくわくしてくるのではないだろうか。

具体化＋数値化で、次の目標はグッとリアルになる

■夢の実現には具体化と数値化

日本人の平均寿命が男女ともに80歳を超える時代になった現在では、50歳を超えて「自分の夢は何だろう」と問いかけてみるのは何らおかしいことではない。あと10年あれば、20年あれば、どれほどのことができるだろうか。

若いころとは違い、効率よく、賢く夢を実現できるのがセカンドステージの強みだ。ただ夢を見ているだけでは、何にもならないことをすでに知っているのだ。

夢の実現に必要な要素は、具体化と数値化だ。漠然とした目標設定では失敗してしまうのは経験からわかる。

たとえば、「お金持ちになりたい」と思ったとしよう。これだけでは漠然とす

ぎていて、単なる夢でしかない。そこで、「100万円ほしい」という具体的な数字を出したとたん、それが一気に具体性を帯びる。

目標が数値化されたら、次は時間の具体化だ。1週間以内、1か月、1年と、期限が変われば方法も変わる。それに合わせて実現可能な計画を立てればいい。

数字が具体的であればあるほど、達成できる可能性は高くなるし、修正を加えるときも的確にできるはずだ。

漠然と思っていたことを実現するためには、それをいかにリアルなものとして自覚するかが重要だ。数字がいかに具体性と説得力を持っているかは、いままでの社会人としての経験のなかで身をもって感じているだろう。作成した資料の説得力を一気に上げるのは、ちりばめられた数値だ。

■具体化と数値化はセットで

たとえば、アートに詳しくなりたいといった漠然とした夢でも同様のことがいえる。まず、どのようになりたいのかを具体的に考えて、実現可能な数字を盛り込んだロードマップを立てていくのだ。

「美術館で楽しめるような教養を身につけたい」なら、動画や書籍などで勉強するのがいいかもしれない。その場合、「1日1本、動画を見る」「1週間に1冊、関連書籍を読む」など、具体的な数値目標を設定する。

また、「美術館や博物館で働きたい」なら、社会人などに向けて設置されている大学の講座を利用すればいい。2年間で履修を終えたい、3年かかってもいいなど、自分の生活スタイルに合わせて選ぶことができるはずだ。通信教育課程で学べる講座も用意されていて、全国各地のどこでも履修が可能な講座も多い。

できる限り具体的に目標設定をすることで、その実現のために何をするべきか、最短ルートがどこにあるのかはおのずと見えてくる。数値目標を入れることで達成度を実感しやすくなるうえ、実行に移すときのモチベーションも上がるはずである。

■数字はパッと見てわかるように

ロードマップが描けたら、それを常に見える形で残しておく。手帳やスマホ、タブレット、パソコンなどで管理してもいい。忙しい毎日のなかで、自分だけの予定というのは後回しになりがちだし、忘れてしまっては意味がないからだ。

家族がいるなら、リビングのカレンダーに書いておくのもいいだろう。みんなの目に触れることでそのことが会話の端々にのぼることになり、それが行動の後押しになるという側面もある。

記録するときはシンプルに書くのが基本だが、なかでも数字は目立たせておく。「今週はあと1回行かないと」とか「今日はもう達成したな」ということがすぐにわかる。

極端ないい方をすれば、数値化されていない目標は、そもそも達成しようとしていない絵空事にすぎない。夢を見ている時間が楽しいのだという考え方もあるが、その夢が実現したらどんなにうれしいだろうか。

「終のすみか」をシミュレーションすると見える〝新しい世界〟

■日ごろの〝不便〟をリストアップ

仕事をリタイアし、子どもたちも巣立っていったあとの暮らしを具体的にイメージしたことはあるだろうか。単純に一世帯あたりの人数は減り、家のなかで過ごす時間は増えるだろう。生活パターンが変われば、おのずと環境に求めるものも違ってくるはずだ。

手はじめに、日ごろの〝不便〟をリストアップしてみる。キッチンの使い勝手や収納の不満、扉の開け閉めのちょっとしたストレスなど、若いときにはなんとなくやり過ごせてしまったことが、年齢を重ねて体の自由が利かなくなるにつれて大きな障害になってしまう。

つまり、バリアフリーという考え方だが、これを単に「体が動かしづらくなるから」という物理的なデメリットを解消するだけのものとしてとらえるのはもったいない。これらのデメリットをなくして、快適にすることで、そこで過ごすことが楽しくなるような住環境をつくり出すのだ。

■ライフプランを考えれば住環境は決まる

終のすみかを意識するときは、これから何を大切にして生きたいのかを自分に問いたい。定年後に起業したり、再雇用などで仕事を続ける人も多いだろう。

地域のボランティア活動の担い手は、その多くがシルバー人材だ。仕事や子育てに追われていた時期にはできなかった旅行や美術館巡りを満喫するなど、アクティブに過ごしたいという人も多いはずだ。

自分なりのライフプランに合わせて、住環境にどんな機能が必要なのか考えてみよう。そして、それをいまから整え始めるのだ。

なぜなら、定年を待ってから実行しようとしても、気力や体力を思いのほか使うものだし、そうなると貴重な時間も減ってしまう。多少忙しくても、少しでも早くとりかかるべきだろう。

■リフォームはできるだけ早く

資金に余裕があれば、リフォームするのもいい。コツコツ集めてきたコレクションを飾るスペースがほしい、読書や手芸など趣味の部屋をつくって思い切り没頭したい、大きなスクリーンで映画三昧もいい、レストランのようなキッチンで料理をしたい、洋服が一望できる大きなクローゼットを設置したい、土間のある生活もいい、ガーデニングに打ち込みたい……。時間に余裕ができたからこそ、本当に自分がやりたいことを楽しむことができるはずだ。

多くのハウジングメーカーでも、定年後を見据えたリフォームプランを積極的に提案している。

発想をがらりと変えて思い切って引っ越すのも悪くない。海が見える場所に暮らしたいとか、温泉地でのんびり過ごしたい、都心にアクセスがいい場所に住みたいなど、夢を叶えるチャンスでもある。

ただし、忘れてはいけない重要な視点は「老い」だ。体力が衰えていくのは当然のことで、病院にかかる頻度も増える。運転免許もいずれ手放すとしたら、日々の買い物などの心配もある。

バス路線が充実しているか、病院やスーパーマーケットは近くにあるか。夢を叶えたいという思いが強すぎて、現実的な生活に支障が出てしまっては取り返しがつかないことになる。

■DIYも選択肢になる

大きな金額を動かさなくても、理想の住環境に近づけることはできる。その場合は、DIYや部屋の模様替えなど、手間と体力を使って工夫すればいい。セルフリフォームにチャレンジするのだ。

大工仕事には自信がないという人も心配無用だ。YouTubeなどの動画で、素人でもできるリフォームのやり方を簡単に知ることができる。近くにホームセンターがなくても、ネットショップで木材などの資材、壁紙、床材などあらゆる材料を手に入れることができるし、輸入されたおしゃれな素材やパーツ、アンティーク家具など、どれもこれもほしくなり迷ってしまうほどだ。

賃貸でも、原状回復が可能なリフォームの方法や、壁に穴を開けずに設置できる製品なども多い。賃貸暮らしが多い若者たちのインスタグラムをのぞけば、知恵と工夫でお金をかけずに驚くほどオリジナリティにあふれた完成度の高いセルフリフォームを施した部屋が紹介されている。

ただし、セルフリフォームには気力と体力が必要になる。定年後の楽しみにするよりは、やはり少しでも若いうちにトライしたほうがいいだろう。実際に取りかかると想像以上に重労働なので、家族や友人などの助っ人は必要不可欠だ。

いずれの場合も、自分のために使える時間が増える後半生で、どんな家に住みたいのか、何に時間を使いたいのか、それを見極めることが出発点になる。

お金をかけ、手間をかけて手に入れた「自分らしく暮らせる家」で寝起きする幸せを思えば、年をとるのも悪くないと思えるのではないだろうか。

未来を一望できるロードマップを描くと、人生に迷わない

■未来の地図をつくる

昭和を代表する日本画家の東山魁夷《かいい》の代表作に「道」という絵がある。緑の丘の間に通ったひとすじの白い道が描かれたシンプルな構図だ。一度見たら忘れられない簡素さと不思議な雰囲気のあるこの作品は、42歳のころのものだという。

足元の道は白く鮮やかであり、遠くに行けば行くほど、おぼろにかすんで見えなくなっていく。その道が行きつく先は見ることができない。その風景が象徴する世界に自らの人生を重ねるファンも多いという。

人生を一本の道にたとえるとき、過去のできごとを描くのは簡単だ。すでに起こったことを描いていけば、それまで生きてきた人生のロードマップが完成する。も

し同じように現在、そして遠くにかすんでいる未来を一望できるロードマップが描ければ、残りの人生で迷うことなく歩むことができるだろう。

■未知の場所には地図が必要

未来のロードマップを描こうとするとき、一番のネックになるのは「まだ起きていないこと」を地図にすることだ。ここは逆転の発想で、「起きて欲しい未来」を描き、それを目標に歩くのだ。

日常生活でも知らない場所へ行くときには地図は欠かせない。そう考えれば、明日何が起きるかわからない人生にも、地図があったら大助かりだ。まず、大きな視点でざっくりとした目標を立て、それをマイルストーンとして置いてみよう。

現在50歳として、とりあえず1年後、3年後、5年後、10年後、自分がどこにいたいのかをイメージする。おおよその目印であっても、マイルストーンを置くことで、どこに向かえばいいのか意識することができる。

大きな地図が描けたら、次は詳細な地図をつくってみる。直近1年間、半年、3

か月、1か月という短期間のロードマップは、より具体的に描きたい。

車のナビゲーションを見るようなイメージで目的地に近づいてきたら、クローズアップすればその道に何があるかがよく見えるだろう。

■リセットも再出発も自由に

たとえば定年後、すべての都道府県を訪れてみたいという漠然とした目標があるとする。

その目標を達成するために10年という時間を設定する。1年後に5県、5年後に半分程度、10年後に47都道府県を制覇しようというのが、ざっくりとしたマイルストーンだ。

次に、一番近い1年後のマイルストーンを見てみる。そこで達成するのは、5県となっている。そこで、直近1年間の予定を考えて、どのあたりで旅行の予定が立てられそうか考えてみよう。年度末は何かと忙しい、夏休みは家族のイベントがあるなど、具体的に計画が立てられるはずだ。

ただし、毎日の生活のなかでは予想外のことも起こるし、予定が狂うことも多い。最初のロードマップをあくまでもざっくりと、余裕を持ってつくるのは、完全な失敗という事態を事前に避ける意味がある。あまり詳細な計画を立てると、かえって実行不能になりかねない。

社会情勢や自分の体調、家庭の事情も変わってくるため、思い描いたゴールをあきらめなくてはならないこともあるかもしれない。それでも、その時点までの歩みは十分に意味があるものになっているはずだ。

一度つくったロードマップは、消去せずに大切に保管しよう。状況が変わったら再出発するもよし、いったんリセットして新しいロードマップを描くもよし。それも人生の醍醐味だと受け入れつつ、再び歩き出したい。

これからの人生をデザインするための「自分の時間割」のつくり方

■時間に対する発想の転換が重要

働き盛りの40代をすぎて50歳ともなると、それまでの生活習慣や仕事の流れがすっかり身体にしみついている。いまさら時間割などつくらなくても、何の不都合もなく生活はできるという人も多いだろう。

しかし、歳をとってもやることはたくさんある。新たな目標を立てて、それを実現するためには、やはりスケジュール管理は必要だ。「自分の時間割」をつくることには大きな意義があるのだ。

いままでの時間割は、おもに仕事を中心にして組み立てられていたはずだ。しかし、50歳を過ぎたら人生への取り組み方も変わり、そうなれば生活のペースも変わってくる。だからこそ、人生をより充実させるために時間の使い方に関して大きな発想の転換をするのだ。その目安が50代なのである。

■年齢に合った時間の刻み方を考える

年を重ねてくると、時間の感覚が少しずつ変わってくる。時間が経つのが早く感じられるし、気がつけば何もしないうちに時間が過ぎていることもある。

また、同じ時間でもできることが違ってくる。たとえば同じ作業でも、若いころは効率よくできたのに、いまは時間がかかる。あるいは、昔はどんなにむずかしい本でも1時間、通しで読んでも平気だったが、いまでは集中力が30分しかもたないという人もいるだろう。

そんな人がいままでと同じように、「時間内に仕事を仕上げる」とか「読書時間を1時間にする」と決めても、はたしてうまくいくだろうか。後半の30分は息切れを起こしてしまうかもしれない。もしそうであれば、最初から「仕事は30分間」「読書は30分間」と決めたほうがいい。そのほうが時間を有効に、かつ無駄なく使えるのである。

アメリカのある大学で認知機能の研究者が行った実験によると、集中力のピークはだいたい43歳ころで、基本的な計算能力や政治、経済、歴史などに関する新しい情報を理解する力のピークは50歳ころだという結果が出た。

もちろん、これには個人差があるが、しかし50歳に達したら、多くのことに関して、それまでと同じようにできるわけではないのは確かなのである。そうなれば当然、同じ時間内にできることも変わってくる。

■時間割をつくることのメリット

そもそも時間割をつくって自分のスケジュールを管理することには、どんな意味があるのだろうか。時間に対する考え方を根本から変える年代にさしかかっているのを前提として、ここであらためて時間割をつくることのメリットを見直してみよう。

これからは、自由な時間も増える。つまり、自分の思いどおりにできる時間が少しずつ増えるということだ。だから、自分が何をやりたいかを考えて、その時間を自由自在にデザインすることができる。

仕事の進行に従ってスケジュールを強いられるのではなく、他人の都合に合わせたりする必要もない。まわりが「こんな時間に、こんなことをするの？」「このことに、こんな長い時間をかけるの？」と驚いても、まったく気にする必要はない。なんといっても自分の時間割なのだ。「自分はこれからどんな人生を生きたいのか？」を考えて、それを実現させるための時間割をつくればいいのだ。

そのために大切なのは、「仕事が最優先」で生きてきたいままでの習慣に引きずられないようにすることだ。あくまでも「これからの自分」のことを考えて、自分のオリジナリティを最優先にする。自分の時間割をデザインすることは、すなわち自分のこれからの人生をデザインすることと同義だということを基本の軸にしよう。

■そのときの気分や感情に左右されない

何かをやる前に、感情的に行き詰まってしまう人がいる。

たとえば「いまはランニングの予定だけど、なんだか走る気になれないな」とか「勉強の時間と決めていたけど、意欲が湧かない」といった気持ちが出てきて、結局、何もできない。面倒臭くなったり、怠けたくなったりして行動に移せないのだ。ようするに、そのときの感情や気分に簡単に支配されてしまうのである。

そんなタイプの人は、ぜひ時間割をつくって活用したい。どんな人であっても、いつ、どんな感情が湧くかは予想できない。しかし、その時その時の気分に支配されていては、結局は生活が気分まかせになってしまい、気がつけば同じことばかり続けていたり、何もしないでダラダラと過ごしてしまうことになる。

そんなときには、「何時から何時まではこれをする」と明確に決めておいて、感情や気分に支配される前に、まずは体を動かすといい。

とくに散歩やランニング、体操など、体を動かすことは、必ず時間割に組み込んでおきたい。どうしても面倒になって先延ばしにしたり、中止にしたりしがちだが、しかし高齢になればなるほど体を動かす時間は重要になる。だからこそ、時間割にはそれを組み込んでおいて習慣化するようにしたい。

2
「思考の手順」を変えると、人生の迷いが消える

逃げ場を残したポジティブワードが、人生を〝軽く〟する

■「絶対」がないことを知っている世代

人生の酸いも甘いも嚙み分けてきた歳を迎えると、ポジティブとネガティブの受け止めも若いころとはずいぶんと変わってくる。

たとえば、学生時代の運動部で「絶対勝つぞ！」というかけ声とともに試合に挑むという光景はいまも昔も変わらない。しかし、歳を重ねたいまとなっては「絶対」がないことをすでに知ってしまっている。

理屈っぽいかもしれないが、「絶対とはいっても負けるときは負ける」という気持ちが強ければ、たとえそれが事実であってもムードは盛り下がる。

社会人経験をとおして、さまざまな理不尽と折り合ってきた人たちは、自分の努

力とは関係のないところで勝負が決まるという場面をいやというほど目にしてきている。絶対、必ず、何が何でも、といったポジティブではあっても断定的で決めつけ感が強いワードは、逆に白けてしまう。

若者のポジティブ・ネガティブと、中年過ぎのポジティブ・ネガティブには決定的な違いがある。そのことを意識すれば、50代からの人生のモチベーションをもう一段上げることができるのだ。

■逃げ場を残したポジティブワード

50代におすすめの「大人のポジティブワード」のポイントは、「断言することを避ける」ことだ。「ダメもとで」「とりあえず」「できるだけ」といった、少々頼りないイメージの言葉が合っている。つまり、適度な「逃げ場」と「言い訳」を残しておくのだ。

これらの言葉は、ややもするとネガティブな文脈で使われかねないこともあり、もし若いころに使ったとしたらやる気を疑われてしまうことにもなる。子どもや若者がこんな言葉を使って抱負を語っても、世間には受け入れられないのと同じだ。

しかし、これが経験を重ねて生きてきた世代だからこそ、言葉の響きとは裏腹に一転してポジティブワードになる。失敗の可能性が排除できないと知っているからこそ、精神的なセーフティーネットがあったほうがむしろ思い切って動けるのだ。

ダブルスタンダードと思われてしまうかもしれないが、あくまでも心の中だけのこととして、その矛盾を自分に許してあげたい。

■「かならず」は「なるべく」と言い換える

では、実際のポジティブワードを見てみよう。

「絶対勝つぞ!」を大人のポジティブワードに言い換えると、「できるだけ勝とう!」になる。ずいぶんと弱腰に聞こえるが、この言葉の裏には大人ならではの深謀遠慮が隠されている。

この場で何を言ったとしても、これまでやってきたことは変わらない。それでも勝つこともあれば負けることもある。勝っても負けても、やれることはやってきたという今日までの努力は変わらない。それでも負けることもあるが、できるだけ勝てるようにがんばろう、という深い思いの表れなのだ。

「必ず続ける」という言葉は、「なるべく続けよう」となる。ヤル気はあっても、実際の生活では中断してしまうこともある。自分だけの都合で生活できない世代なら、なおさらそのリスクは高くなる。

必ずという強い言葉を使うと「ゼロヒャク思考」になり、いったん中断してしまうとそこで挫折してしまう。これは心理学で「二分法的思考」とも呼ばれ、99パーセントの成功ですら失敗とみなしてしまうことにもつながる。

「何が何でもやり遂げる」は「運がよければできる」としたい。しかし、どんなに意気込んでも土台無理なことはある。思い込みが強すぎると、無理なことにとらわれてしまい、完全な負け試合に時間を費やすことにもなりかねない。

ずいぶん生ぬるいと感じるかもしれないが、それこそが50代からのポジティブだ。猪突猛進では大けがもするし、途中で息切れも起きる。

■続けられないリスクを減らす

自分の努力とは別な要素で絶対的な評価が決まってしまう場合、失敗するリスクは完全に排除することはできない。仮に不本意な結果になったとき、いかにメンタル的にダメージを負わないようにするかも大切なスキルだ。

報われる努力もあれば、ときに報われないときもある。ここは、「無理かもしれないし、負けることもあるけれど、精一杯やることはやろう」というスタンスで向き合いたい。

若いころの燃えるような情熱とは一見違うかもしれないが、ただ燃料をくべて燃やせばいいというものではない。いかに炎が消えないように持続させるかを考えるのが、人生の半ばを過ぎた大人のやり方というものだ。

頭と体がきかなくなったら、小さなステップでゴールを目指す

■まずは一歩を踏み出す

人生は失敗の連続だ。「あれは失敗だった……」と悔やんだことのない人はおそらくいないだろう。しかし、過去の失敗をいちいち思い出して嘆いていたらきりがないし、それではいつまでたっても前を向いて生きられない。

たしかに、人は年をとるほど心配性で及び腰になる。過去の失敗やつまずきを思い起こせば思い起こすほど積極性が欠けていき、後ろ向きになる。少しでも「これは危険だな」と思ったとたんに身構えてしまうはずだ。

しかし、あれこれ思い悩むより、実際に行動を起こせばいま抱えている問題の核心が見えてくる。解決に向けたヒントを得られるかもしれないのだ。

まずは、第一歩を踏み出すこと。「いまのままでいいのか」という漠然とした不全感を抱えながら生きるよりも、蛮勇をふるって新たなチャレンジに挑むほうがよほど元気が出るというものだ。それがたとえ失敗に終わったとしても、だ。

■賢者はミスショットから学ぶ

大切なのは、たとえ失敗したとしてもその失敗から立ち直ることだ。「なぜ失敗したのか」「どうすればよかったのか」を冷静に自己分析するのである。

たとえ2回、3回と失敗を重ねたとしても、その原因を掘り下げることで成功への道筋が少しずつ見えてくる。

そうなると、ますます精神的に強くなり、失敗を恐れないメンタリティーが身につく。今度こそ「成功してみせる」と前を向くわけだが、その意欲は失敗を重ねた自身の体験によって確実に積み重ねられていく。七度転んでも八度起き上がればいいのだ。

そうしてみごとに立ち直って成功した暁には、それまでの数えきれない失敗は重要な学びの機会となってすでに身についており、しかも他人の失敗を多く見てきているのでそこから学びを得る方法も体得している。その瞬間、成功へのステップに変わるのだ。「愚者はまぐれ当たりを自慢し、賢者はミスショットから多くを学ぶ」(スコットランドのことわざ)のである。

■失敗は引きずらない

「「失敗」とは転ぶことではなく、そのまま起き上がらないこと」だと言ったのは、カナダの俳優、メアリー・ピックフォードだ。また、「あなたが倒れたことはどうでもいいのです。私はあなたが立ち直ることに関心があるのです」という言葉を残しているのは、第16代アメリカ合衆国大統領のエイブラハム・リンカーンだ。

人は誰でも失敗する。失敗しない人間などいないのだ。だから、立ち上がって挑戦する限り勝利をつかめる可能性は残されている。ただ、闇雲に、手当たりしだいに取り組めばいいというものでもない。

50代を迎え、そろそろ還暦をまたぐ年代になると、いやでも自身の老い先が見えてくる。若いころのように頭もサクサクと働かなくなるし、体のあちこちの衰えを感じざるを得ない。無理がきかなくなるのだ。

問題は、失敗の中身だ。ダメージが大きすぎるほど立ち直るきっかけをつかみにくくなるし、また失敗をそのままにして引きずり続けると、今度は自信を失ってしまう可能性がある。そうなると負のスパイラルに陥ってしまい、そこから抜け出せなくなってしまうのだ。

■「スモールステップの原理」で傷は小さくなる

そんなときには、「失敗や挫折から抜け出す5つの方法」を試してほしい。

1　自分がいま置かれている現状をすべて洗い出して自己分析する

ポイントは、主観を交えずに事実関係や数字などを具体的に挙げ、それらを中心に客観的に判断することだ。たとえば、直面しているトラブルをすべて書き出してみたり、人間関係や金銭的なものも図や表にすることで、現在抱えている問題点を俯瞰して見ることができる。

2　失敗から立ち直って成功した人の話を聞く

成功体験談を綴った書籍やネットなどの記事を読むのも参考になる。あるいは、自分の過去を振り返ってどんなに小さなことでもいいので「小さな成功体験」を書き連ねてみよう。小さな自信が積もり積もれば「やればできる！」と大きな自信につながり、展望が開けるかもしれない。

3　頭のなかを楽しいことで埋め尽くす

失敗が続くと寝ても覚めてもそのことばかりを考えるようになる。そうなるとネガティブな情報ばかりを集めてみたり、何でも悪いほうへと思考が傾きがちになる。するとマイナスの判断を下す危険性が高まるのだ。そんなときには、しばらく顔を見せていない飲み屋で楽しく飲んでいる自分を想像してみたり、「転地効果」を狙って温泉旅行の計画を立ててみるのもいい。

4　スモールステップで達成感を積みあげる

再起を期す際に大風呂敷を広げてはいけない。失敗をしたときの規模がよけいに大きくなるからだ。「今度こそやってやる」という意気込みは買うけれど、それよりも小さな目標を設定して自信や自己効力感の向上につなげたい。いきなり大ジャンプをするのはむずかしくても、小さな一歩を確実に踏み続ければ達成感が得られる。万が一、途中で失敗してもそれは〝小さなロス〟ですむ。

5　「身を引く」ことも選択肢

「必死でがんばったけれど自分にはもうどうにもできない」「これが限界だ」と感じたら、無理をしないできっぱりとあきらめよう。白旗を上げて降参するのだ。逃げるが勝ちとはよくいったものだが、一度身を引いて保身をはかるのだ。その間に「自分のやりたいこと」や目標を見つけて再挑戦すればいい。

「誰にでもいい顔をする人」の逆を行くのが信頼の近道

■八方美人はダメな人？

けっして本音を見せることなく、できるだけ波風を立てないようにする人がいる。「誰からもよく思われたい」という気持ちはわからないでもないが、こんな人は定見を持つことなく、自分の周囲の状況を眺めてはその時々で都合のいい側にばかりついたりする。

誰の心にも日和見主義的な心根はあるが、これではかえって人間関係のストレスを溜め込むことになる。

たしかに、子どものころは親の言うことをよく聞いて、誰からも好かれる「いい子」がほめられたものだ。しかし、大人になればわかることだが、すべての人に好かれるなんてあり得ない。

まわりの人みんなにいい顔をする八方美人だったり、無難なことしか言わない人、何を聞いても事務的で面白くない人……は、一歩間違えば「いい人」ではなく、かえって「めんどうくさい」などと言われて悪いイメージをもたれてしまう。

にもかかわらず、この日和見主義的に動く人たちは家族はもちろんのこと、会社の上司や同僚、部下からもよく思われたいという気持ちを捨てきれないでいる。

ここで考えたいのは、誰からも「いい人だ」と言われる人がいて、はたしてその人は本当にいい人なのだろうかということだ。単に他者とのぶつかり合いを避けながら、できるだけ穏便にすまそうとしているだけではないだろうか。

■信頼される人になる3つのこと

本音を見せずに波風を立てない人は、たしかに誰からも嫌われることは少ない。ただ、それはあくまでも「害のない人」であって、それ以上でも、それ以下でもない。そんな人と酒を酌み交わしながら、本音を語り合いたいと思う人はいないだろう。

「いい人になろう」とか「誰からも好かれる人になりたい」という思考は、かえって人間関係を冷え込ませるし、ぎくしゃくさせるだけだ。１００人の無難な顔見知りを持つより、少数でいいので深く信頼される人間になったほうが、これからの人生は豊かになるのだ。

では、どうすればいいのかというと、まわりの人から「信頼される人」になることだ。

それにはまず、人に対してきちんと心を開くこと。相手が自分に何を期待しているのか、どうしてほしいのかを考えて行動し、心を開く。すると相手は「自分の期待に応えてくれる人」だということがわかり、あなたを受け入れてくれるようになるのだ。

２つ目は、自分の考えに沿って「筋」を通すことだ。いままでは自分の意見などおよそ言ったことがないはず。それを堂々と、自分の信念に従って意見を述べるのだ。一本筋が通っていれば、相手から受ける信頼は上がることはあっても下がることはない。たとえそれが間違っていたとしても、ブレてはならない。

そして3つ目が、相手にとって否定的なことでも自分が「正しい」と思ったら堂々と助言し、意見を言うことだ。長所を見つけて褒めるだけでなく、弱点や間違っていることを指摘し、それを論理的に説明し、納得してもらうのである。

――たった3つのことだが、よく見ると「いい人」が波風を立てるのを嫌って避けてきたことばかりだ。それを逆手にとって、「信頼できる人」になればいいのである。

■和をもって貴しと為す

話は戻るが、いい人の特徴のひとつに空気を読み過ぎることがある。そのため自分の考えや意見にフタをしてしまい、問題を先送りすることが多くなる。

たしかに自分を押し殺しても人間関係を優先させるやさしいタイプであり、常に現状に満足し、不平不満を表に出さずにそれを維持していこうとする安定志向の持ち主でもある。

そこで思い起こしてほしいのが、聖徳太子が定めたといわれる「和をもって貴しと為す」という言葉だ。日本人の特質を端的に表しているといってもいいが、この

「十七条憲法」の条文の一節には続きがある。

聖徳太子は、ただ波風を立てずに闇雲に仲良くしなさいと言っているわけではない。党派や派閥といったこだわりを捨てて、じっくりと議論することこそが重要だと説いている。そうすれば、和や道理を得ることができるというのだ。

相手の意見をしっかりと聞く耳を持ち、自分の思いもきちんと口に出して伝えるようにすると、揺るぎのない信頼を勝ち得ることができるのである。

いい人をやめるということは、勇気と信念をもって堂々と自分の考えを口にするということだ。それによってある程度の波風は立つが、いったん信頼されれば波はいつのまにかおさまり、しだいに追い風が吹いてくる。

■人間関係は〝敵か味方か〟で考えない

成果を急ぐあまり、まわりの人を好きか、嫌いかで選別してしまう人がいる。何ごとにつけ、オール・オア・ナッシングでとらえてしまうのだ。

たとえば、会社の会議で自分の意見に反対したAさんは「敵」で、賛成をしてくれたBさんは「味方」としてみる。

しかし、別の打ち合わせで今度はBさんも反対側に回るかもしれない。すると、Bさんも敵となってしまい、いつのまにかBさんには心を開かなくなる。これを心理学的には「二分割思考」という。

ここまでくるといままでの〝努力〟は台無しになる。100パーセントできなければ「やっぱりだめだった」とか「ゼロ」と同じことだと考えるのだ。その結果、両極端の結論を導き出す危険性がつきまとう。これでは敵が増えるばかりで、せっかく築いてきた人間関係はご破算になりかねない。

では、どうすればいいのか。自分の心のなかに〝グレーゾーン〟をつくっておくのである。「心」のキャパシティを100とすると、20〜30をグレーゾーンに振り分け、残りは敵と味方に2分割してもいい。

「いま、判断するのは時期尚早だ」「この人に対する答えはひとまずペンディングにしておこう」などと思って、とりあえずグレーゾーンに放り込んでおいてからあとで対策を考えればいいのである。

オール・オア・ナッシングとグレーゾーン

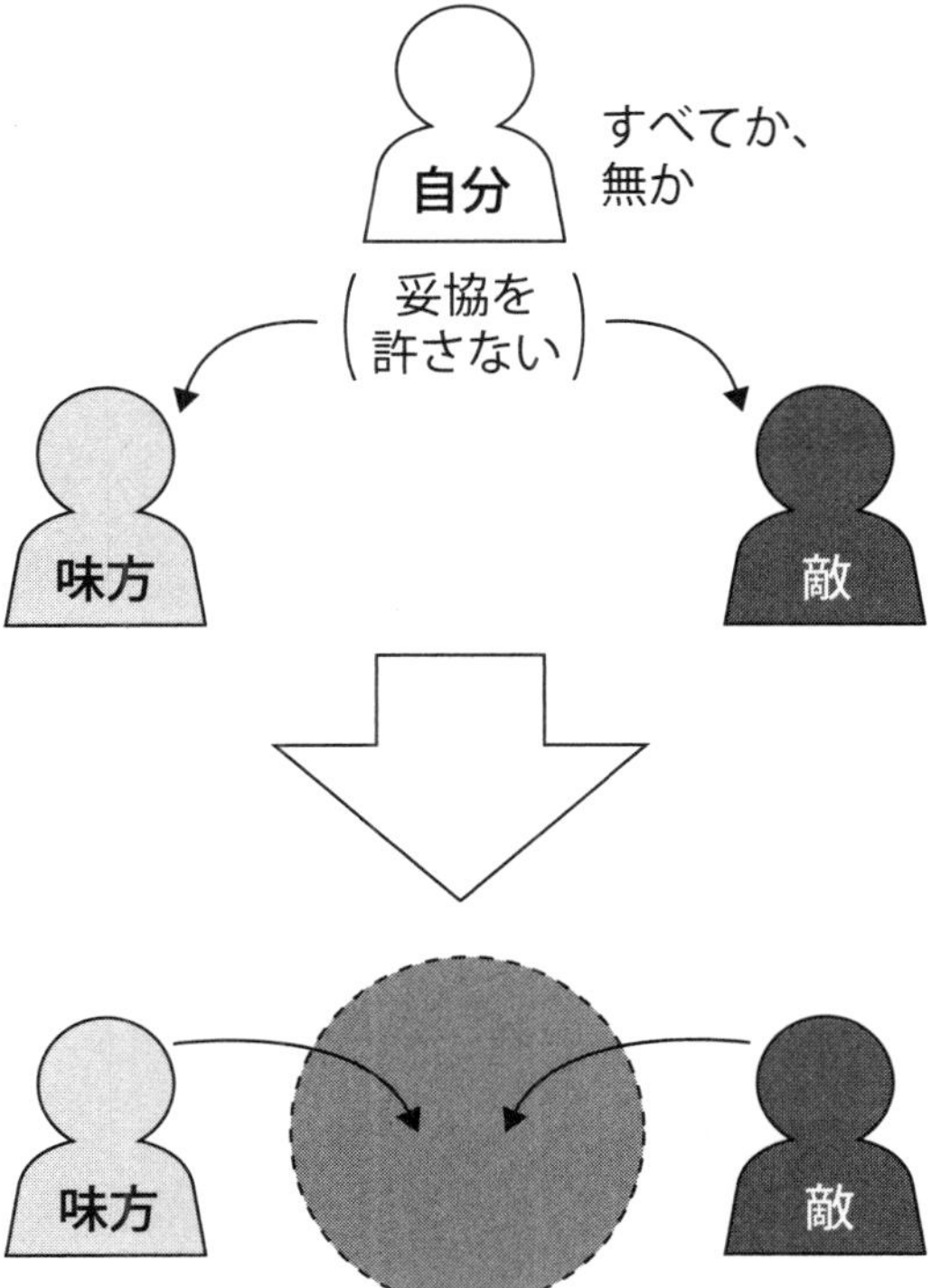

すぐに判断できないものは、
ひとまずグレーゾーンへ

それまでの〝重荷〟から解放されたとき、自分が主人公のドラマが始まる

■1人で生きる人が増加している

単身世帯、いわゆるひとり暮らし世帯が増えている。２０２０年の国勢調査では、ひとり暮らしが世帯全体の38％を占めているという結果が出た。そのうち、単身の高齢者は６７２万人。これは５年前に比べて約14％も増えている。また、中年世代の未婚率も上昇傾向にある。

国立社会保障・人口問題研究所の推計では、２０２５年の単身世帯は、２０１５年より約８％増えて約２千万世帯になるとみられている。

総人口に占めるひとり暮らしの割合は16％となり、２０１５年の「7人に1人がひとり暮らし」という状況が、「6人に1人強がひとり暮らし」になるという。

さらに、今後は20代から40代までの若い層のひとり暮らしが減り、その一方で50代以上のひとり暮らしが増加していく。少子化によって、若い年齢階層の人口が減少していく一方で、ますます高齢化社会が進み、50代以上の年齢階層では、全体で23％も単身世帯数が増えていくことになるのだ。

50歳を過ぎて、「気がつくと自分は1人で生きている」という人が、これからはますます増えていくのである。

■いつか孤独死するという不安

そうなると、もうひとつの問題が出てくる。「孤独死」である。最新の統計では、国内で孤独死した人の数は、年間で約６７００人（そのうち男性が約74％）となっている。

また、孤独死をする人の平均死亡年齢は、男女ともに61～62歳である。日本人の平均寿命は男女ともに80歳を超えているから、それと比べると、ひとり暮らしの人は平均寿命よりも20歳近くも早くに亡くなっていることになる。

また、孤独死をする人の年齢層を見ると50～70代の世代がもっとも多く、とくに60代が多い。言い換えれば、50歳を過ぎてからの生き方や日々の生活が、いずれ孤独死するかどうかに大きく関わってくると想像できるのだ。

たしかに、孤独について考えると、どうしてもマイナス要因が多い。一般的に「孤独」という言葉には負のイメージがつきまとう。「家族に囲まれて幸せに生活するのが一番」とか「友達は多いほうがいい」とされる日本の社会では、1人で暮らす人はどうしても不遇であり、不幸で寂しい人生を送っていると見られがちだ。

しかし、はたしてそれは本当だろうか。孤独であることは不幸なことだといっていいのか、それはいろいろな角度から考えなければならない問題だし、簡単に結論が出るものでもない。

現実にひとり暮らしが増えているいま、孤独というものに対する考え方も少しずつ変化している。孤独を不幸のひとつの現象として認識するのではなく、新しいとらえ方が広がっているのである。

■「おひとりさま」をどうとらえるか?

孤独とひと口にいってもいろいろある。「悪い孤独」ばかりではなく、なかには「よい孤独」もある。1人でいることを悲観することはないのだ。

「おひとりさま」という言葉が生まれて、それを誰もが口にするようになったが、「孤独」と違って「おひとりさま」には、1人で生きることの身軽さや、他人に気兼ねしなくてもいい自由さと楽しさを感じることができる。

1人でいることを楽しみ、1人のメリットをいかして人生を謳歌する。そんな「よい孤独」のイメージも最近は少しずつ広がってきた。

たとえば「1人焼肉」「1人カラオケ」「1人キャンプ」「1人用こたつ」といったものがブームである。積極的に「1人」を楽しむ人が増えているのも事実である。

その人の生活のしかたや気の持ちようで、よくも悪くもなるのが孤独だとしたら、できるだけ前向きにポジティブに孤独をとらえ、「いい孤独」にしていくことが大事だ。

では、「よい孤独」とは何だろうか。「悪い孤独」とは、どこがどう違うのだろうか。

■いいか悪いかを決めるのは自分

配偶者、子ども、仕事仲間、友達……。人は他人との関係のなかで生きている。ときには、自分をおさえ、他人のために生きるという判断も必要だろう。

しかし、年齢を重ね、そうした〝重荷〟から解放されたとき、「自分以外の誰かのために生きる人生」が、「自分自身のために生きてもいい人生」に変わったと考えることもできる。誰に気兼ねすることなく、自分中心の、自分が主人公の人生が始まったのだ。

そうなれば、自分は何がしたいのか、どう生きたいのかということを、自分を中心にして考えることができる。誰かに気兼ねすることはない。自分だけの視点で人生や生活を見ることができるのだ。

すると、生き方そのものが変わってくる。本来の自分らしさを見つめ直し、「自分は本当は何がしたかったのか」「どう生きたかったのか」を真剣に考えることができる。何をするにも自分で決めていいのだ。

「これからの人生は、何を目標にして生きるか」という大きな問題はもちろんのこと、「今夜は中華を食べようか、それとも和食にしようか」「映画を観に行くか、それともウチでテレビにするか」というような日常的なことも、すべて自分で決められる。つまり、あらゆることにおいて自分の素直な心の声に耳をすませばいいというわけだ。

そのことを「寂しい」ととらえるのではなく、「自由で、伸び伸びと生きられる」と考えれば毎日が楽しくなる。

「自由」と「寂しさ」は「孤独」の両面である。もしも何らかの事情で1人で生きる状況にあるのなら、「自由」であることを謳歌してポジティブに生きたほうがいい。孤独とは、あくまでも感情の問題である。だから自分でコントロールできると割り切ったほうがいいのだ。

考えてみれば、大勢の家族と暮らしていても、夫婦2人で暮らしていても、どんな暮らしのなかにもいい点もあれば不満もある。それをうまくコントロールしたり、解釈を変えたりしながら人は生きていくものだ。

■「数」よりも「質」が問われる年代

ある研究によると、若いときには人間関係の広さがその人の心身の健康によい影響を与えるという結果が出た。たしかに10代から40代くらいまでは、いろいろな分野にたくさんの知り合いがいることがひとつの強みにもなる。実際、そんな人は孤独感とはあまり縁がないだろうし、周囲も健全な人だと評価するかもしれない。

ところが、40代後半から50代にさしかかると、人間関係の広さではなく、関係の深さのほうが重要になってくる。「数」よりも「質」に転換するのだ。

知り合いの数は多くなくてもいい。そのかわり、深く関わり、充実した関係を持てる相手がいるかどうかが問われるし、そんな人間関係がその人の〝栄養〟にもなる。

表面的なつながりだけでなく、深い人間関係を持てる相手が1人でも2人でもいることで、それが心の安定につながるし、ひいては周囲の評価にもつながる。

それにはまず、自分自身を掘り下げることも必要だろう。そういう意味では、いままでどうやって生きてきたか、人としてどんな成長をしてきたかが問われる。

「孤独は寿命を縮める」といわれる。実際、孤独を感じることで血管系の病気のリスクは高くなる、あるいは免疫力の低下を引き起こすともいわれている。

しかし、まったく逆の考え方もある。1人で生きることを避けるために、家族や友人、あるいは地域での交流を大切にして他人との絆を強く持つ。それはよいのだが、結果として、周囲からの「過干渉」による圧迫感がストレスにつながることもある。孤独でいることで、そういったリスクとは無縁になれるのだ。ひとり暮らしだと家事や買い物は、否が応でも自分でやるようになる。いろいろな日常の面倒ごとは、自分で考えて解決するしかない。その一連の動きが心身に好影響を及ぼすのである。

ニーチェは「孤独を味わうことで、人は自分に厳しく、他人に優しくなれる。いずれにせよ、人格が磨かれる」と言った。

孤独をよしとするか、それとも悪者にするか、それは自分しだいなのである。

体幹のブレをなくすための「人生の五計」との向き合い方

■「体幹」を鍛えることで姿勢を正す

街中でも電車のなかでも、多くの人がスマホを持って前のめりになっている。そのせいもあって現代人は姿勢が悪いといわれる。立っても座っても、どこか傾いていたりバランスが悪かったりして、きちんとしたきれいな姿勢が保てないのだ。

「いまのこの姿勢が楽だ」と思っていても、じつは「悪い姿勢」になっていることも少なくない。

楽な姿勢で立ったり座ったりしている人でも、よく見ていると、小刻みに左右のバランスを変えたり、足の位置を変えてみたり、足を組み直したりすることが多いことに気づく。

それは「楽だ」と思っている姿勢がじつは楽ではない証拠である。そのまま同じ姿勢が続くと疲れるし、体に負担がかかる。だから無意識に体を動かしているのだ。そういう人は、自分が「いい姿勢」でいるつもりでも、本当は「悪い姿勢」になっていると自覚したほうがいい。

姿勢が悪いことの根本的な原因のひとつに、体幹が悪いことがある。体幹とは、体の奥にある小さな筋肉だ。へそから1センチほど下のお腹の部分で、体の重心といってもいい場所だ。

体幹が弱いと、体の軸が安定しないので、どうしても姿勢が悪くなる。逆に、体幹を鍛えると体の軸が安定してブレないので、自然と姿勢がよくなる。

身体だけの問題ではない。このことは精神の問題でもあり、その人の生き方にも当てはめることができる。人生に一本の芯を通すことによってブレない生き方をする、いわば生きるうえでの体幹を鍛えるのである。

そのために、ぜひ向き合ってほしいのが「人生をよく生きるための五計」だ。

■精神の体幹を鍛える「人生をよく生きるための五計」

この世界に生まれ、自分の人生を有意義に過ごす指針として、「人生をよく生きるための五計」という言葉がある。古代中国の南宗の時代に、その思慮深さで多くの人々の尊敬を集めた朱新仲《しゅしんちゅう》という官吏が残したものだ。

それを、歴代首相の指南役といわれた陽明学者の安岡正篤が日本人向けにわかりやすく解説し、人生の道しるべとしたことで日本でも知られるようになった。

その五計とは、生計、家計、身計、老計、死計をさす。

噛みくだいていえば「いかに生き（生計）、身を立て（身計）、家庭を築き（家計）、歳を重ね（老計）、そして死を迎えるか（死計）」ということの教えである。

そのひとつひとつを見ていこう。

まずは第一の「生計」である。身体的にいかにして健やかに生きるかだ。人間はどのようにして生きればよいか。それを生理・養生の問題としてとらえるのである。

具体的には、どういうものを食べ、どんなものを飲めばいいか。朝起きてから夜寝るまでの生活習慣をどんなふうにつければいいか。それらを考えながら、健康な身体を保持し、それを増進させるということである。

第二が「家計」だ。これはいかにして日々の暮らしを維持していくかがテーマで、なかでも重要なのは、どのような仕事をするかということだ。

仕事をして金銭を得ながら生活を成り立たせていく。そのためには、本当に自分にふさわしい職業選択をすべきである。

ただ、働くことができれば何でもいいというわけにはいかない。きちんと金銭を得るのはもちろん、生き甲斐のある仕事を得ることで、人生に張りを与えることができるのだ。

■うろたえることなく「死」を迎える

そして第三は「身計」だ。家を成したうえで、どのようにして社会に貢献するか、わかりやすくいえば、一家を構えて、これをどういうふうに治めてゆくかという問題だ。

何といっても世のなかの基本の生活空間は「家庭」である。社会が正しい秩序で守られていくためには、「家庭」に秩序がなければならない。

もしも家のなかが混乱していれば、それが引いては世のなか全体の混乱へとつながっていく。世のなか全体のためにも、どのようにすれば家庭内が治まり、皆が幸せを享受できるかを考えることが不可欠だ。

そして第四が「老計」である。どんな年のとり方をして、老後をどう生きるのかということだ。

老いることは誰にも避けられない。それは万人にとって共通の課題であり、よりよい形で老いていかなければならない。

そのためには、老いが始まってからいきなりそのことを意識するのではなく、若いうちから、どんな老い方をするかに思いを馳せながら自分を積み上げていく。それがいずれは、よい老い方につながるのだ。

最後の第五が「死計」だ。自分はどんな死に方をするのか。さらに、死後に何を残すか。それは土壇場に決められることではない。早くから心の準備と努力をしておくのだ。

そして、それが「いかに死ぬか」ということにつながり、死の間際になってうろたえ、悔いることなく死を迎えることができるのである。

ただ漠然と生きていては、人間はしっかり自分の足で立っていることができない。外部からちょっとした力が加われば、人生はすぐに影響を受けることになる。

それは、いい姿勢で立っているつもりなのに、じつは悪い姿勢で、つねにフラフラと動いたり歪んだりすることと似ている。つまり、人生の体幹が弱いのである。

きっとこれからも日々いろいろなことが起こる。予想もしていなかった不幸や災難もあるし、予定していたことが狂ってしまい、思いがけない方向に進むことも多い。

しかし「人生をよく生きるための五計」としっかりと向き合っていれば、何が起こっても体幹はビクともしない。ベストの姿勢が保てるのである。

人生最終盤で誰もが頭をよぎる“4つの後悔”とは？

■死は人間に後悔を強いる

自分が息を引きとるとき、いったいどんな気持ちになるのだろうか。あまり想像はしたくはないものの、誰もが一度は考えることだろう。

50歳を過ぎれば、いよいよ人生の後半戦がスタートする。そして人生の最期の瞬間に向かって、少しでも意味のある時間を過ごしたいと考える。

その結果、必ず訪れるその瞬間は、できることなら幸せでありたい。何も思い残すことなく、達成感や充実感に満たされたなかで逝きたいと考えるのは、人間として当然の願いである。間違っても、死ぬ間際になっていろいろな後悔をすることだけは避けたいものだ。

とはいえ、人生はそううまくいくものではない。病床に伏すなか、いままでの人生を思い返して「ああすればよかった」とか「あのことは心残りだ」と悔いる。作家のサン・テグジュペリは『星の王子様』のなかで「大切なものは目に見えない」という言葉を残した。

どんな人でも、ふだんは多くのすばらしいものに囲まれて生きている。しかし、残念ながら、それはなかなか見えにくいものだし、気がつかないのである。

ところが、それに気づく瞬間が訪れる。それが人生の最期、息を引き取る瞬間だ。

そして人は、そのことを「後悔」という形で思い知る。ある意味で、死とは残酷なものだ。

それならば、その後悔を少しでも減らすために、あらかじめ、どんな後悔をするのかを知っておけばいい。そうすれば、ひとつでもそれを減らすことができる。いわば逆算をして、満ち足りた人生を送ることができるようにするのである。

そこで、人生の最終盤になって後悔するといわれるものをまとめてみると、大きく4つに分けられる。

1　自分の本当の気持ちを言わなかった

人は誰でも本当の気持ちを素直に表しながら生きているわけではない。相手によっては本心を隠して、あるいは本音を伝えることができないままのこともある。

「いまはむずかしいけれど、いつかはきちんと伝えよう」と思っていても、結局は本当の気持ちを最後まで一度も口にできなかったという人も多いだろう。

「いつも喧嘩ばかりしていたけど、本当は仲よくしたかった」「離婚したけど、じつはずっと愛していた」「無関心なふりをしていたが、いつも気にしていたし、幸せを祈っていた」など、いくら悔いてもたりないようなことばかりだ。

だったら、それをきちんと相手に伝えることで、相手もまた有意義な人生を生きることができるかもしれない。相手のためにも大きなプラスになるかもしれない。

「これを言えば相手はどう思うだろうか」「これを言えば嫌われるかもしれない」などと気を回しすぎる人がいる。また、過去に本心を告げたことがあるもののトラブルになって人間関係が壊れた人は、それがトラウマになっている場合もある。

そういう人にとっては本心を伝えることは、かなりハードルが高くなる。なかには、もともと秘密主義の場合もある。本当のことはなるべく隠しておく性格なのだ。

なぜ、いままで本心を言えなかったのか。まずはその理由を確かめる。理由がはっきりわかれば、言わずに後悔する前にきちんと伝えることができるだろう。

2　夢をかなえられなかった

本当はこんなことをしたかった、一度はあそこに行ってみたかった……。ずっと望んでいたのに、結局はかなえられないままでいるのは、やはりつらい。それはそのまま大きな後悔につながる。

「本当はこんな仕事がしたくて、いつか思い切って転職しようと思っていたのに、結局は踏み切ることができなかった」「仕事で結果を出せたのはよかったけれど、もっと趣味に熱中したかった」「少しくらい仕事を犠牲にしてでも、趣味に生きる時間を増やしたほうが自分らしく生きることができたはずだ」。

どれもこれも悲しい後悔だが、その人らしさは、どんな夢を描くかということにもっとも表れる。そう考えると、こういった後悔は、結局は自分らしく生きることができなかったという根本的な問題にも触れることである。

挑戦した結果として、夢はかなわなかったということはあるかもしれない。それでも、チャレンジをしないで、ありえたかもしれない自分を想像して後悔するくらいなら、真正面からぶつかって、どんな結果でも受け止めるほうがよほど健全だ。

3 「ありがとう」を口にできなかった

過去を振り返って、あのとき言えばよかったと後悔する言葉のひとつが「ありがとう」だ。夫、妻、子ども、親類縁者、さらには友人など、相手や状況はさまざまでも、ちょうどいいタイミングで感謝の言葉を伝えられればいいのだが、それを逃してしまい、そのままになっているという人も多いはずだ。

しかし、死は残酷なもの。いつ、ふいに訪れるかは誰にもわからない。それを思えば、きちんと感謝の言葉を伝えておくことはとても大切なのである。

「いつか伝えればいい」などと思っていると、結局その機会は訪れないかもしれない。だから、絶好のタイミングだと思ったときには、正直に感謝を伝えておいたほうがいい。

ちなみに、「ありがとう」を言えない人の心理にはいくつか理由がある。それは、プライドが邪魔をしている人だ。自尊心が強すぎる人は、感謝の言葉を口にすることに屈辱感を感じてしまいがちだ。また、恥ずかしい、照れ臭いという人も多い。たしかに、面と向かって言うのはなかなか勇気がいることだ。言いたくても言えないという人も多いだろう。あるいは、わざわざ言わなくてもいい、いまさら言う必要はないと決めつけている人もいる。とくに配偶者や家族などとても近い関係だと、「言わなくてもわかっているだろう」と思いがちだ。

しかし、人生の終わりに近づくと、「ありがとう」という言葉を声に出して相手に告げることの重みがわかってくる。その気持ちに素直でありたいものである。

4　健康を大切にしなかった

「健康」は根本的な問題である。

何をやるにしても、健康な体がなければむずかしい。そのことは年を重ねれば重ねるほど誰もが実感することである。「体が資本」であり「まずは健康であること」は、すべての人にとっての基本である。健康を大切にしていれば、もっといろいろなことができたはずだ。

きちんと健康診断を受けなかった、欲望にまかせて暴飲暴食をした、酒に溺れた、禁煙を真剣にやらなかった……などと、あげればきりがない。自己管理をしなかったことは、最後の最後まで後悔の理由になる。

また、たとえ病院で診断を受けても、医師の指示に従って生活改善をしなかったり、治療をきちんと受けなかったという人も多い。いわれたことにきちんと従っていれば、もう少し長く健康でいられたかもしれない。

あたりまえのことではあるが、自分の「生」をまっとうするためには、健康に対する日々の努力が不可欠なのである。

第2ステージの人の心を照らす老子と荘子の教えとは？

■冒険をしないことは「守り」ではない

若いときの無鉄砲にも思える行動や、思い切りのよさを支えるもののひとつが「無知であること」だ。失敗を恐れていないのは、ひとつの失敗が引き起こすダメージを知らないからという側面がある。

事前に調べたりシミュレーションをして臨んでも、実体験として失敗したことがなかったり、その後の処理に関わったことがなければ実感しづらくなる。

一般的には年齢を重ねて経験値が上がれば、失敗した経験も数知れずという人が多い。若いころのように思い切った行動ができない、守りに入っている自分を振り返り、残念に思うかもしれない。

しかし、50代を過ぎたらあえて冒険せずに生きることを否定的に考える必要はない。そのよりどころとなる思想に、中国発祥の「老荘思想」がある。

■宇宙の中の人間という視点

「老荘思想」とは、古代中国の思想家である老子と荘子の思想のことで、まさに人生の第2ステージにさしかかった年代の人たちの心に刺さる教えとなっている。

中国でもっとも有名な思想書といえば、孔子の言行をまとめた儒教書である『論語』だが、同じくらいメジャーなのが道家・老子が記したとされる『老子』だ。

老子の考え方には、人間を天地自然の中のひとつとして見る視点があげられる。老子は、従うべきは「道《タオ》」という恒常不変の宇宙のルールだと説いた。

人間の成功も失敗も大した問題にはならない。よけいなことをしなくても、宇宙はありのままで完全な存在であるという道の考え方は、道徳や学問の大切さを説いた儒学に相対するものとして広く受け入れられた。

■何もしなくても宇宙の営みは変わらない

当時の中国は春秋時代で、後につながっていく群雄割拠の戦国の世のなかでは人々は過酷な競争社会に身を置いていた。疲弊した民衆にとって「ありのままでいい、人間の行為などささいな問題にすぎない」という老子の教えは、疲れ果てた心のより所となったのではないだろうか。

現代でも、人は生まれながらに競争社会に身を置き、失敗は過度に叩かれ、成功してもまた次のミッションが待っている。常にストレスにさらされていくなかで視野はどんどん狭くなり、身動きもとれなくなる。

その失敗も成功も、すべてが完全な宇宙のなかでは、さざ波を立てるほどの影響力もないのだと老子は説いたのだ。

■無責任ではなく「余裕」

老子と並んで道家の偉大な思想家といえば荘子だ。荘子はその著書である「荘子」のなかで「万物斉同《ばんぶつせいどう》」を唱えた。この世界のものはすべて対立も差もない、ひとつのあり方をしているというものだ。

そこに差別化や対立を生み出しているのは、意味づけをする人間であり、そもそもすべてのものはただ存在しているだけで意味づけをすること自体が愚かなことだという。宇宙という大きな存在にとって、人間は塵芥《ちりあくた》のようなちっぽけな存在なのである。

老子と荘子の説いた道の考え方を「老荘思想」と呼ぶ。貧富の差、家族の有無、健康状態など、人によってさまざまな違いはあるだろう。

しかし、そのすべては、宇宙の営みの前では誤差にもならないほどの小さなものだ。ありのままに、けっして複雑に考えず、自由に生きればいい。

肩の力を抜いて、自由にやりたいことをやって生きることができるのが50代。無責任ではなく、老荘思想に基づいたストレスフリーな大人の余裕と言い換えれば、その境地に達するのが待ち遠しくなるはずだ。

3
人間心理の法則が明かす
〝10年後に笑う〟生き方

〝生き直し〟へのモチベーションは、「心理的報酬」から考える

■「変わる」ということの喜び

久しぶりに会った友人が、以前とはずいぶんイメージが変わった。なぜだろうと考えてみたら、髪型が変わっていた――。

年を重ねるにつれて、外見が変化するのは当たり前のことだが、それをきっかけにして髪型を大胆に変える人も多い。最初は年をとったことをごまかすためだったけれど、実際に髪型を変えたことによって気分がすっかり変わり、新しい自分になったように思えて晴れ晴れした、という話もよく聞く。

しかも、それをきっかけに新しいことを始めるとか、新しい出会いがあったという人もいる。「変わる」ということは、人に新たな機会を与えてくれるものだ。

髪型でなくても、実際、50歳を過ぎたころから新しい自分を発見する人は多い。忙しくて長い間会わなかった学生時代の友達と久しぶりに再会したら、「まさか、きみがこんなことをするなんてね！」などと、相手の変貌ぶりに驚いたという経験のある人も多いだろう。

たとえば学生のころはインドア派で、家で静かに読書をしたり絵を描いたりする姿しか思い浮かばない友人が、久しぶりに会ってみると、日焼けして精悍な顔立ちになり、体つきもしっかりしている。

話を聞くと、50歳を過ぎてから山歩きをするようになり、そのために日ごろからのトレーニングも欠かさないらしい。インドア派が、いつの間にかアウトドア派に変貌していたのだ。

■変化は脳を若々しくよみがえらせる

「変わる」ということには、大きなメリットがある。新しいことに挑戦すれば、それはそのまま脳の活性化につながるのだ。老いてくれば脳の神経細胞が減少するものだが、それは自然のことなのでやむをえない。しかし、なにか新しいことに取り組むことが、脳への刺激をもたらし、毎日にハリをもたらしてくれるのである。

脳を活性化するというのは、具体的には脳神経細胞を増やし、さらに神経細胞どうしのつながりを増やし、さらに神経細胞そのものを特化した機能を持つ細胞に変えてしまうことを意味している。そして、それが脳の老化や認知症の発症を防ぐことにもつながるのである。

新しいことに挑戦するというと、目の前にそびえる高い壁を想像するかもしれないが、日々の生活のなかでも新しいことへのチャレンジは可能だ。

たとえば食事の支度をするためにスーパーに買い物へ行く。毎日それを繰り返していると、つい、いつも同じ道を通って同じ店に行ってしまう。そして店内では同じルートを歩いて、同じようなものを買ってしまうことに気がつく。それを繰り返していては、脳への刺激はどうしても弱くなり、老いていく一方だ。

そこで、たまには別のスーパーへ行ってみると、途中の道ではいままで見たことのなかった景色を見ることになる。知らなかった家の庭や街角の風景に目を止めるだけでも新鮮な気分になるのだ。

しかも、あまりなじみのない店だと、店内のどこに何があるかわからないので、まわりをキョロキョロして迷いながら探すことになる。そういった行為が脳への刺激になるのだ。見慣れない食材や珍しい調味料などを見つけたときの驚きや喜びを味わうことで、脳は生き生きとしてくるはずだ。

■周囲から認められることで得られるもの

とはいえ、多くの人は年を重ねるにつれて何かと腰が重くなるものだ。じつは、新しいことに取り組むのが苦手になるのは、認知機能が衰えることで、新しいことに取り組む時間と労力が増えるからだ。思ったよりも時間がかかり、「やっぱり年をとると駄目だな」と自信を失い、途中で諦めてしまうからである。

そんな場合に大きな力になるのは、報酬である。

たとえ途中で挫折したとしても、それに対して何らかの報酬を得られれば、人はまた気持ちを取り直して、「もうひと頑張りしてみよう」という気持ちになれる。

どんな形であれ、自分がやったことに対しての見返りを受けることで継続することができるので、それを踏まえて周囲との協力も大切にしたい。

とくに高齢になればなるほど、金銭的・物質的な報酬よりも、心理的報酬のほうに大きな喜びを感じるようになる。

「まさか、こんなことができるなんて！」「高齢になっても、こんなにがんばってるんだ！」と、まわりが褒めてくれる。そのことがさらに大きなモチベーションとなり、そして脳の活性化につながるのだ。

変わることを恐れたり、ためらったりする必要はないのだ。

■「リスタート」という考え方

日本が世界に誇る黒澤明監督の代表作に『生きる』という映画がある。主人公は平凡な市民課長で、毎日の役所勤めのなかで彼のおもな仕事は目の前に差し出される書類にハンコを押すことだけ。そんな公務員人生にさほど疑問も持たずに生きてきた。

ところが53歳になって病院で癌の宣告を受け、余命いくばくもないことを知る。最初は死を恐れていた彼は何日も悩み苦しむが、やがて、残された時間を何か有意義なことに使おうと決心する。そして、それまで役所が放置してきた公園づくりに没頭するようになるのだ。

それまでは、地味で目立たない公務員の1人にすぎなかった彼は、それからはまるで別人のように働き、人に意見し、誰も手をつけなかったことに手をつけ、地道に公園づくりを実現させていく。それはまさに、人生の生き直しであり、リスタートという言葉にふさわしい姿だ。

どんな人でも、いくつになっても、多くの可能性が残されている。それまでの生き方とはまったく違う日々になってもいい。もう一度、最初から人生を生き直すくらいの気概で自分自身を見直すと、思いもかけなかったもうひとつの生き方が見えてくる。

年齢を重ねても前を向いて生きられる心理テクニックの基本5箇条

■夢の実現には他者との関係が重要

自分が何をしたいかを考え、人生を最後まで意欲的に、積極的に生きる――。そんな考え方を持って、時間を無駄なく活用して夢をかなえたいものだ。

ただ、闇雲にがんばればいいというものでもない。とくに50歳を過ぎると、周囲の人たちと良好な関係を築いたり、下の世代とうまくコミュニケーションをとることがむずかしくなる場合がある。

他者とどんな関係を持つか、大勢のなかで自分のことをどうアピールし、自己を演出していくか、それはすべての世代にとって欠かせないテーマだが、とくに年齢を重ねてくると、どうしてもひとりよがりになり、単独で暴走して周囲に迷惑をかける人もいる。

そこで、50歳代を過ぎたいまだからこそ、あらためて身につけたい心理テクニックをいくつか紹介しよう。

1　「有言実行」をめざす

「あれがしたい！」「これを成し遂げるぞ！」という言葉を、第三者に向かって公表する。年齢を重ねれば重ねるほどそれが大切になるということは、公言してみれば実感できるはずだ。

日本人は不言実行にひとつの美学を見出しがちだ。まわりには何も言わなくても、黙々と努力して目標を達成する、そのことをすばらしいととらえるのである。もちろん、それはあながち間違いではない。

ただし高齢になればなるほど、むしろ有言実行をめざしたほうがいい。夢を言葉にすることで、それを実現するためのさまざまな力が生まれ、間違いなく実現性が高まるのだ。

これは心理学で「公表効果」といわれる。やりたいことや望むものを口に出すことで「公言した以上は何がなんでもやり遂げよう」とモチベーションが上がり、同時に周囲からもいろいろな形で手助けを受けやすくなる。

いい年なんだから、大げさなことは言わずにおとなしくしていようと遠慮をする必要はない。公表効果を信じて、おおいに周囲に宣言すべきだ。

2 愚痴や不満は吐き出す

愚痴や不満を口にするのは恥ずかしいことだと思われがちだ。しかし、それらを溜め込むと、それだけでテンションが下がるし、モチベーションの低下にもつながる。だから、遠慮せずに、なるべく言葉にして口にしたほうがいい。これもまた、心理学的なテクニックのひとつである。

そうすることで心に溜め込んでいた鬱屈《うっくつ》をきれいさっぱり吐き出すことができて、精神が浄化される。言い換えれば、気持ちがリセットできるのだ。

ただし、年を重ねてからの愚痴や不満は、周囲の迷惑になることもある。「また始まった」「もういい加減にしてほしい」などと思われると、相手との間にミゾができてしまう。

そうならないためには、あまりダラダラと長引かせず、何が問題なのか、何を不満に思っているのかをわかりやすくスッキリと伝えることが大切だ。

それが不安な場合には、人に対してではなく、その代わりに紙に書き出すという方法もある。

人前では言えないようなことでも文字にしていけば、いつの間にか解決していることもある。自分のなかに溜め込まずに、外に吐き出すことが何より大事なのだ。

3　自分のことを客観的に眺める

失敗したときは誰でも失意に暮れたり、なかなか冷静になれないことがある。しかし、いつまでも失敗にこだわっていると、そこから抜け出せないばかりか、前を向いて進むことができない。

そういう人の特徴は、「目標までいかに遠いか」というマイナスの部分だけにこだわっていることだ。目標達成まではまだこんなに距離がある、と考えてしまえば自信もなくなるし、意欲も減退するのは目に見えている。

そこで、発想を変えてみたい。「目標までの距離」を見るのではなく、「ここまで進めた」というプラスの部分に注目するのだ。そうすれば前向きな思考になるし、意欲を取り戻すことができる。

そのために必要なのは、自分を客観的にとらえる冷静沈着な視線だ。「こんなにも失敗してしまった自分」ではなく、「こんなにも成功した自分」とポジティブにとらえる。

そのことにより自分をあらためて信じることができるし、前に進むエネルギーも湧いてくる。

4 「白」か「黒」かではなく、グレーも想定する

「成功か失敗か」、そのどちらかの結果しか予測していないで取り組みを始めると、なかなかうまくいかないことが多い。「損か得か」「よいか悪いか」「好きか嫌いか」

など、二者択一にこだわっていると、少しでも欠けた部分がある場合、それはすべて悪いほうに考えるからだ。

そうならないためには、あらかじめ「白」でもなく「黒」でもない、その中間を想定しておくといい。

現実には、白でもなく黒でもない、グレーゾーンになることは多い。だから、無理矢理にどちらか一方に決めつける必要はない。グレーゾーンととらえられれば、正しく冷静に分析して次の展開を考えることができるはずだ。

5　他人とのコミュニケーションを力にする

年を重ねると、どうしても周囲とコミュニケーションをとることがむずかしくなり、孤立することが多くなる。

しかし、それでは夢の実現は困難になるばかりだ。そこで、他者との良好な関係を保つためのテクニックを身につけておきたい。

まずは、相手との位置関係。すべてにあてはまるわけではないが、人と並ぶような状況では、その人の右側に位置するといいとされる（相手が左利きであれば左側）。右利きであれば、右側のほうがいざというとき防衛ができる。つまり、相手にとっては右側にいられるほうが安心であり、リラックスできる。

これはビジネスシーンなどでも利用されるコミュニケーションのテクニックだ。この手法を活かすことで、その人との関係が良好になる。人と何かをうまくやりたいと思ったら、「右側を狙え」というわけだ。

そして、会話をするときには、相手と同じ言葉使いや仕草をする。若い世代との交渉が苦手なら、相手の行動や口調を真似てみる。するとそこに共感や好意が生まれ、距離が縮まるのだ。これは「ミラーリング」という心理テクニックである。

また、会話の最中にあえて名前を呼ぶようにするといい。人は名前を呼ばれると、相手が自分の存在を認めてくれていると感じるものだ。

初対面の相手に名刺をもらったり、人を紹介してもらったら、すぐにその名前で相手に呼びかける。それだけで一気に距離を縮めることができるはずだ。

「もう1人の自分」がいると、人生の後半戦がもっと楽しくなる

■退職後に待っている心の危機

定年退職をすれば、あとは悠々自適の生活が待っていると思われがちだが、じつは定年退職したあとで精神科に駆け込む人もいる。

長年打ち込んできた仕事から解放され、名刺や肩書から解き放たれて自由になると、いよいよ第二の人生のスタートだ。そこにはすばらしい毎日が待っていると期待するのがふつうだが、しかし現実はそれほど甘くはない。じつは、精神的に病む人も少なくないのである。

そういった人の多くが悩んでいるのが、「退職うつ」といわれる症状だ。退職した翌日の朝、目が覚めて時計を見る。目覚ましはセットしていないのに、いつもと同

じ時刻に起きてしまった。もう仕事に行かないのだからゆっくり眠っていればいいのに、どうしてもその時刻になると体が勝手に反応して目覚めてしまうのである。

まあしかたがないかなと思いながら、いつもと同じように朝食をとる。するとゆっくり食べればいいものを、いままでの習慣で急いで食べてしまう。

いつも家を出ていた時刻になると、妙にそわそわしてくる。体がつい玄関に向かいそうになるのを必死で我慢する。そして、いつも乗っていた電車の時間になると、ああ、昨日まではいまごろ満員電車で会社に向かっていたはずだな、などと考えてしまう……。

こんな日が続くと、なんだか虚しくなり、気持ちが重くなる。何もすることがなく、ただ時間を持て余しているだけという状態が昂じて、精神的に不安定になり、「退職うつ」と診断されてしまうのだ。

場合によっては、退職うつからそのまま初期認知症につながるケースもある。ただ手持ち無沙汰なだけだと思っていると、精神的には想像以上に深刻な状態になることもある。けっして侮ってはならないのである。

■人生の「これから」がいっさい見えない

定年でなくても、50歳くらいになると、何かひとつのことをやり遂げて結果を出したという人も多い。50歳というのは、人生のちょうど折り返し地点であり、大きな岐路でもある。だからこそ要注意の年齢なのだ。

孔子は、15歳を「志学」（学問で立身しようと志す）、30歳を「而立《じりつ》」（学問の基礎が培われて自立する）、40歳を「不惑《ふわく》」（心の迷いがなくなる）と位置づけた。

そして孔子がいう50歳が「知命《ちめい》」（天が自分に与えた使命を悟る）である。自分が生きているのは、これをやるためだったのかということに気がつき、人生の意味を知る。いわば、自分の人生をあらためてとらえ直す重要なときなのだ。

しかし、そこに落とし穴がある。

それまでの人生を精一杯に生きてきたし、それなりに満足している。では、これからはどうだろう。50歳を過ぎると、そろそろ人生の第2ラウンドの鐘が鳴る。そこであらためて「いままではこれでいいとして、では、これからどう生きていけばいいのか」という問題が立ちはだかってくるのだ。

いままでは、目の前のことに夢中になって生きてきた。しかし、これから先のことはいっさい考えていなかった。自分にはこれから生きていくための道しるべがない。いったい、どうやって生きていけばいいのだろうとがく然とするのだ。

■「人生の後半戦」に備える

また、それまでにはなかった新たな経験に直面することもある。多くの人の場合、親は70歳を超えているので健康面での不安が増える。老親の世話や介護の問題と直面するのだ。まわりの同世代の知り合いも何らかの病気になるなどして、これまでとは違う生き方を始める人が増えてくる。

もちろん、自分自身の身体も何かと不調が出るようになり、医者や薬に頼る機会も増えてくる。やがて親が亡くなれば、いますぐではないにしろ、次は自分の番だという意識も芽生える。

そうなると、必然的に「人生の後半戦」を意識する。まだ終活は考えないにしても、50歳を過ぎた多くの人がこれからどう生きるかという人生の課題を突きつけられることになるのだ。

そこで改めて考えたいのは、「いまの自分のままでいいのか」「自分は何をしたかったのか」ということである。あらためてその問題と真剣に向き合うことで、人生の後半戦が充実したものになるのだ。

ところが、それはなかなかむずかしい。いきなり考え始めても、すぐに答えが出てくるわけではない。結局は何も思いつかず、ただ空虚な時間が過ぎていくだけになることは少なくない。そうなってしまうと、後半戦は間違いなく負け試合になってしまう。

じつは、そうならないための予防策がある。早いうちから頭のなかに「もう1人の自分」をつくり、それを意識しながら生きていくということだ。

■もう1人の自分を探し出す

もう1人の自分がいれば、〝いままでの自分〟が終了してからも、もう1人の自分としていきいきと生活していける。

たとえばサッカーでも野球でも、後半戦になると選手を交代させることがある。あれはメンバーを入れ替えることで新しい試合の流れをつくることが目的だ。

人生もまた、もう1人の自分を登場させることでいままでの人生の流れを変えることができる。人生の後半戦が始まったら、それまでの価値観や経験則を完全に手放してもいい。新しい自分になって生き直すくらいの気持ちで挑戦するのだ。

趣味でもいいし、新しい勉強に取り組んでもいい。一般人を対象にした市民講座など学びの機会はいくらでもある。また、NPOや地域のボランティアなどの活動でもいいだろう。スマホでSNSを始めたり、パソコンでブログを始めることで新しい仲間を得ることもある。

ともかく、それまでやってきた仕事以外に、何か夢中になって打ち込めるものをあらかじめ探っておくのだ。前もって「もう1人の自分」を準備しておくことが肝心なのである。

欲求を持ってはいけない……その心理的ブレーキはかえって危ない

■50歳過ぎてからの「将来の夢」

あなたは10年後の自分を想像できるだろうか。

たとえば、いまから70年ほど前の1955年、日本人の平均寿命は男性が63歳、女性は67歳だった。もしもその時代、50歳になろうとしている人に「あなたは10年後、どうなっていたいですか?」と尋ねても答えに窮するだろう。10年後には自分が生きているかどうかさえわからないからだ。

しかし、いまや時代が変わった。2023年の平均寿命は男性が81歳で、女性は87歳。つまり50歳になろうとしている人にとって、人生はさらに30年も続くのである。だから「あなたは10年後、どうなっていたいですか?」という質問は十分に成立する。

もっといえば、50歳を過ぎた人に「将来の夢は何ですか？」と聞いても違和感はない。「将来の夢」などという言葉は、子どもや若者だけに通用する言葉だと思われがちだが、そうではない。いまの世のなか、50歳を過ぎた人たちにも、まだ豊かで楽しい「将来」はたっぷり存在するのである。

ちなみに、徳川家康が征夷大将軍に就き、江戸幕府を開いたのは62歳のときだ。豊臣家を滅ぼして安定政権を得たのはなんと73歳のときである。

また、ノーベル賞の授賞者の年齢を見ると、20世紀前半では平均で56歳だったのが、近年になるとその多くが72歳を超えている。若くても60歳代の半ばだ。

人生は多くの人が考えているよりもはるかに長い。だからこそ、いろいろな可能性を秘めているのだ。

50歳を過ぎたからといって、残りの人生を「余生」とか「残り時間」ととらえる必要はない。「まだ、たっぷりある」ととらえることで、これから先の人生の見え方がガラリと変わるはずである。

■欲求こそが生きるための原動力

そんな現代にもっとも重要なのは「欲求」とのつきあい方である。これからどう生きたいか、そして10年後にはどうなっていたいか。その欲求が生きるうえでのモチベーションになるのだ。

人間というものは、年齢を重ねるにつれてさまざまな欲望から解放されるものである、と思い込んでいる人は多い。

これは仏教の影響もあるのだろうが、欲求を抱くことは恥ずべきことであり、汚いことだというイメージを持つ人も多い。逆に、欲求から逃れて淡白に生きることは、すなわち煩悩から解放されることであり、それは人間としてとてもすばらしいことだと思われがちである。

もちろん、それは間違いではない。高齢になっても、あれが欲しい、これが欲しいとガツガツとしている姿は、たしかにあまり品のいいものではないかもしれない。

しかし欲求自体を否定してしまえば、人間は生きにくくなるのもまた事実だ。人間は生きている限り欲求から解放されることはない。常に何らかの欲求を抱き続け、それを満たしながら生きている。というよりも、欲求を満たすことがすなわち生きるということだからだ。

たとえば朝起きて「何か食べたい」というのも欲求だし、「テレビが見たい」「買い物に出かけたい」「友達と話したい」「きれいな服を着たい」……、これらはすべて欲求である。そんな欲求の積み重ねで人間の日常生活は営まれているのだ。

繰り返すが、そもそも「生きたい」と思うこと自体が欲求である。そう考えると、欲求から離れて淡白に生きることなど人間には不可能だということになる。

だから「年をとったから、もう何も望まない」と思い始めると、とたんに生きる意欲が減退してしまう。欲求は常時持つようにしたいし、それはけっして恥ずべきことではない。欲求とは真摯に向き合うべきだ。

ちなみに「欲をかく」といういい方がある。「欲を欠く」と思っている人もいるが、それは間違いである。漢字では「欲を掻く」が正しい。欲を掻き集める、つまり、すでに何かで満たされているのに、さらにその上に欲を募らせる。際限なく欲しがるという意味だ。

その欲求が深い人は、それだけ生きることに前向きだともいえるのだ。

■欲求を5つのステップでとらえる

考えてみれば、「何も欲しくない、ただ生きたい」と思うことは案外むずかしいことなのかもしれない。何の欲もなく無為に過ごす日々は、かえって苦痛でもある。

それよりも、この先自分はどうなりたいかという希望や願望を持つと、明日からの1日1日に生きる意味が生まれてくる。であれば「10年後にはこうなりたい」という欲を持つことは、これから生きるうえで大きな原動力となるはずだ。

高齢になったら夢を持ってはいけないなどという制約は存在しない。50歳になっても60歳になっても70歳になっても、たとえ80歳、90歳になったとしても、将来、自分はこうありたいという夢を抱く。いまの自分と10年後の自分とがガラリと変わってまったくの別人になってもそれでいいのだ。

重要なのは、欲求そのものをよく理解し、うまくつき合うことで生きるエネルギーにすることだ。

では、欲求とうまく向き合うにはどうすればいいだろうか。

ここにひとつの基準となる考え方がある。アメリカの心理学者アブラハム・マズローが提唱する「欲求5段階説」である。マズローは人間の欲求を5つの段階に分けてとらえた。

第1段階は「生理的欲求」。本能的な欲や食欲、睡眠などである。日々を生きていくうえで欠かすことのできない、基本的な欲求である。

第2段階は「安全欲求」だ。これは安全を求める欲求で病気や事故、災害を避けたい心である。末長く生きるために健康に留意するという気持ちもこれに当たる。

そして第3段階が「社会的欲求」である。友達や家族、知人から受け入れられたいという欲求のことだ。人は誰も1人では生きていけない。他者との関わりは基本的な欲求となる。

第4段階は「承認欲求」（尊重欲求）だ。他人から認められたいという欲求である。自分の存在を認められ、1人の人格として尊重されたいという欲である。

最後が第5段階の「自己実現欲求」だ。自分が求めるものになりたいという気持

■欲求５段階説

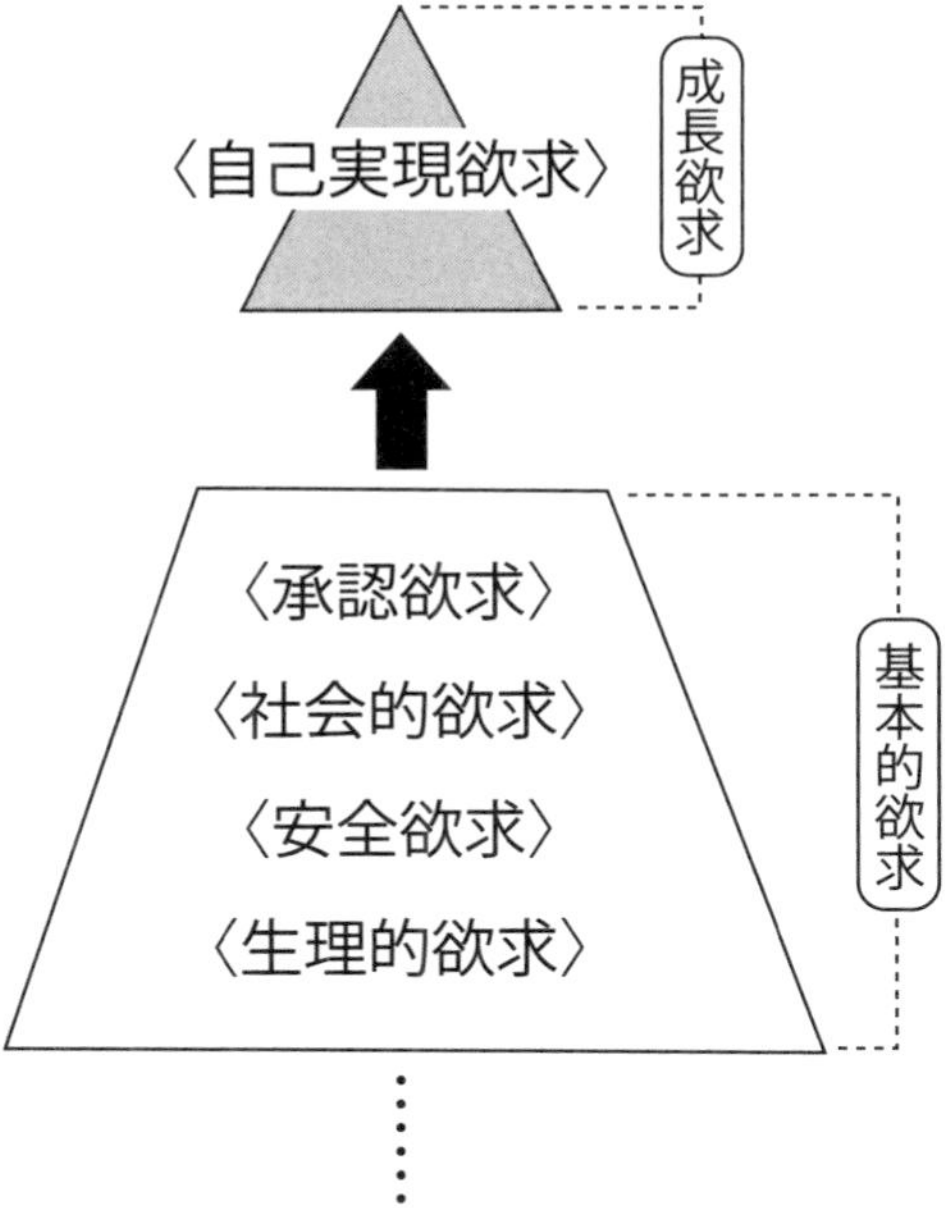

人間は、ひとつの欲求が満たされると、上の段階へと欲求が進んでいく

ちのことで、自分の可能性を信じて必ず到達したい夢である。

■欲求を満たすことで自分も成長する

人はひとつの欲求が満たされると、さらに次の欲求に向かうものである。これらの欲求をひとつずつ確実に満たして生きていくことで自分の願望へと近づいていく。

マズローは、このうちの第4段階までは「基本的欲求」ととらえ、これが満たされなければ「欠乏欲求」の状態とみなした。逆に、それが満たされると第5段階の「自己実現欲求」が表れて、成長へのあくなき意欲が湧いてくるということである。

自分自身や自分の生活を振り返り、これらに当てはめてみてほしい。いま、自分はどこまで欲求をかなえているかを振り返ってみるのだ。

まずは、「欲求を持ってはいけないのではないか」という心理的ブレーキをはずそう。そのうえで、そのひとつひとつの欲求を満たせば、たとえ少しずつでも「なりたい自分」に近づくことができる。

自分だけは大丈夫と思い込む「正常性バイアス」のこわい話

■何の根拠も無い自信

川の向こう側で大きな火災が起これば誰でも驚くし、被害に遭った人は気の毒だと思う。しかし、間に川が流れているから自分に被害が及ぶことはない。だから自分には無関係だと考える。どんな悲劇であろうとも、それはあくまでも他人事である。これが「対岸の火事」だ。

あるいは、いつもの道を歩いていた歩行者にハンドル操作を誤った車が突っ込んできたといった事故のニュースがある。多くの人は「よほど運の悪い人なんだな」とは思うが、同じことがいつ自分の身に起こるかわからないとは考えない。なぜか自分にはそんなことは起こらないと信じている。

火災にしても交通事故にしても、自分の身にふりかかることには変わりはない。それは考えれば誰にでもわかることだ。しかしどういうわけか、人は自分をその可能性から除外する。

もっともわかりやすいのは振り込め詐欺である。これだけ毎日のようにニュースで事件が取り上げられて注意喚起され、街には被害防止を呼び掛ける宣伝カーも走っている。そもそも銀行のATMコーナーには振り込み詐欺に引っかからないためのポスターもしっかり貼られている。誰もがそのリスクは十分に知っているはずだ。それでも被害に遭う高齢者はあとを絶たない。そこには、「自分がそんな詐欺に遭うはずがない」「自分が孫の声を間違えるはずがない」という思い込みがあるからだ。

この心理はいったい何なのだろうか。

■「自分だけは特別だ」のバイアス

じつは、人間にはもともと「自分が望まないことは自分には起こるはずがない」

と思い込む性質がある。それは人間心理の特徴のひとつなのだ。心理学では、これを「正常性バイアス」という。

わかりやすくいえば、最悪な事態を想定せず、あえて目をそむけることで「自分には関係ない。自分だけは大丈夫のはずだ」と強引に思い込む。それによって、極度の不安にさらされることを無意識に防いでいるのである。

たしかに、いつ火災が起こるかわからないし、いつ車に轢かれるかもわからない。それをいちいち気にしてビクビクしながら暮らしていたのでは部屋からは一歩も外に出られないし、何の行動も起こせない。ある程度は不安に目をつむらなければ当たり前の生活が送れなくなる。しかし、リスクは常に存在するのだ。

こういったバイアスは高齢になってもよく起こる。たとえば、「どうも最近よく眠れない」とか「足が痛い」「胃の調子が悪い」というような不調を覚える。年齢を考えれば、何か大きな病気の症状や前兆ではないかと考えてもいいはずだが、多くの人はそうは思わない。「いつものことだ。2、3日すれば治るだろう」と自分に言い聞かせる人が多い。

あるいは、家族に言われてどうにか病院で検査を受けても、とくに何もなければ「ほら、やっぱり自分は何ともない。健康だ」と考える。そして次に同じような症状が出ても、もう病院に行こうとはしないだろう。

ところが、そういう人に限って、他の人に同じような症状が出ると、それは病気かもしれないからすぐに病院へ行って検査を受けなさいとすすめる。あくまでも、自分だけは関係ないと信じているのである。

■冷静に客観的に自分を見直す

高齢になった場合に起こり得るこわい例がある。「友達の名前を思い出せない」「朝食べたものが思い出せない」「近所の道で迷ってしまった」というようなことがあったので、心配になって病院で認知症検査を受けてみたところ、「認知症ではない」という診断結果が出た。

しかしこういった場合、医者はそれを認知症の前兆ととらえて「こんな点に気をつけて、もしまた何かあれば、すぐに検査を受けてください」と患者に伝える。

しかし、検査で認知症ではないという結果が出た以上は、自分には何の問題もないと信じ込み、それ以上のケアをすることなく自信満々で生活する。そしてその結果、知らないうちに認知症がどんどん進んでいくのだ。

人間は、じわじわと少しずつ起こる変化には気づきにくいという性質がある。あるいは、まわりが大丈夫だから自分も大丈夫だろうと信じ込む性質も持っている。どちらも、正常性バイアスを増長させるものだ。

そのことを頭に置いて、正常性バイアスの恐ろしい罠に陥らないように注意しなければならない。「自分だけは大丈夫」という思い込みは禁物だ。

理想に近づくには、自分への〝いいダメ出し〟が欠かせない

■自分のカッコ悪さを認める

ダメ出しというとマイナスのイメージを持つ人が多い。誰もが、できればダメ出しはされたくないと思うだろう。しかしダメ出しは、ときには自分の人生に大きなプラスになることもある。

50歳を過ぎて、そろそろ人生の第2章を始めたいと思いながらも、その第2章の内容が見えてこないことがある。第1章と同じく、第2章の主人公も自分自身だ。しかし、どんなストーリーを展開すればいいのかがわからない。

理由は単純である。「これから自分はこうなりたい」という理想の自分像を描けていないからだ。主人公がはっきりしていなければ、ストーリーも動かない。もち

ろん、いまの自分では主人公としてはいささか不足である。新しいストーリーにふさわしい、新しい自分像がほしい。

では、どうすればいいのだろうか。

そこで、自分自身にダメ出しをするのだ。ただし、ダメ出しといっても仕事のダメ出しではない。あくまでも自分の人間性を探るためのダメ出しだ。

そのためには、自分自身を深くとらえ、人間性を突き詰めて見つめ直す必要がある。当然、イヤな部分、マイナス部分、ふだんは自分で見ないフリをしているところも出てくるだろう。

しかしこの際、そういう部分にこそあえて目を向ける。その結果、カッコ悪い自分の姿に気づくのだが気にしてはならない。それよりも、むしろ自分のカッコ悪さをあらためて自覚するためのダメ出しであってほしい。

そのカッコ悪さを自覚したとき、その先にはいままでとはまったく異なる「カッコいい自分」が見えてくるはずだ。

■目標を定めればそこに進歩が生まれる

たとえば、こんなダメ出しがある。

「無駄な買い物が多い。買ったのに使わないものが部屋にたくさんある」

「何か不満があると、すぐにヤケ食いをして太る」

「人と話すとき、自分の意見をはっきり言うのが苦手だ」

どれも、すぐに認めたくはないものばかりだが、しかし多くの人にありそうなマイナス部分でもある。そこで、それらを突き詰めていけば、それぞれこんな性格分析へとつながる。

「計画性がなく、経済観念に乏しい」

「我慢することが苦手で、簡単に欲望を満たすことに逃げてしまう」

「主体性がなく、他人の意見に流されやすい」

こんなふうに分析することで自分のカッコ悪さに気がついたら、今度はそれをあらためることでカッコいい自分をめざすことができるのだ。

ダメ出しは、単なる生活改善のためにするのではない。あくまでも自分の本質的な部分を直視し、自分の正体を知って、自分を改良するために役立てるためのものである。そうしてなりたかった自分が見えてくれば、その次には「それに近づくために何ができるか？　どうすればいいか？」とステップ・アップしていける。

いきなり自分を変えることはむずかしいが、めざす自分がはっきりしていれば、少しずつでもそれに近づいていけるはずだ。

■ダメ出しのデメリットと危険性

ただし、ダメ出しにはデメリットもある。高齢になるとどうしても判断力が鈍るし、自分の欠点を見誤ることもある。それに、50年も生きていれば、自分の欠点のごまかし方も心得ている。見て見ぬフリしながら生活することも案外簡単にできてしまうわけだ。

しかも、「自分は正しい、自分は間違ったことをせずに生きてきた」などという、いままで生きてきたことへのプライドと自尊心もある。自分の欠点を見つけるよりも、過去の自分を認めたい、承認したいという願望のほうが強いのである。

そんな人にとっては、自分へのダメ出しが、いままで生きてきたことへの否定につながることもある。そうなると、ダメ出しをすればするほど自信がなくなり、不安な感情が増幅してくる。その結果、ますますダメな自分になってしまう。

これでは何の意味もない。そんな泥沼に足をとられそうになったら、すぐにダメ出しをやめたほうがいい。ダメ出しは、けっして自己否定ではない。これからの人生を自分らしく生きるための、いわばチェックポイントのようなものだ。

■他人のなかに自分の悪いところを見出す

自分へのダメ出しをする場合、もうひとつ活かしたいことがある。

心理学に「投影の法則」というものがある。人間は自分の心のなかにあるフィルターを通して外の世界を眺めている、という考え方だ。

たとえば、雨が降っているとき、「イヤだな、憂鬱だな」と感じている人は、他の人も同じように「イヤだな、憂鬱だな」と感じていると思い込むのである。

しかし実際には、「久しぶりの雨でよかった。なんだかうれしいな」ととらえているかもしれない。しかしそうは考えず、自分と同じ気持ちだと考えるのである。なぜ、このような食い違いが生まれるのかというと、それは自分のなかのフィルターを通して他の人の感情をとらえているからだ。いい方を変えれば、他の人に自分自身を投影させているのだ。

だから、たとえば、他人の悪いところが目についてしかたがないと感じているとき、じつは自分自身のなかにも同じような悪い部分が存在している可能性がある。他の人を見ているのだが、実際は他人に投影された自分自身を見ているのである。

ということは、これを逆手にとれば自分へのダメ出しをすることができる。他人の悪いところを考えてみると、それは案外、自分自身の欠点であることもあるのだ。

人のふり見て我がふり直せというが、他人の欠点に気づいたら、同じことが自分にも当てはまるのではないかと疑ってかかると、思いがけない自分へのダメ出しが発見できることがある。

集中できない、暗記できない……なら覚えておきたい心理法則とは？

■集中力を持続させることが重要

高齢者へ仲間入りすると、何かと口やかましくなる人は少なくない。とくに他人から邪魔をされることを嫌う人が多くなる。

テレビを見ているときにそばで大声でしゃべられると気になってテレビに集中できず、つい「静かにしてくれ」と大声を出してしまったり、本を読んでいても、家の外を救急車が大きなサイレンを鳴らして走るだけで読書が中断されてイライラした経験はないだろうか。

年を重ねると集中力が減退して、何をやるにも長続きしなくなるのは、誰にでも起こりえることだ。せっかく何か新しいことを勉強したり、新しいことを体験しようとしていても、まわりから何かの邪魔が入ると、その瞬間に集中力が途切れてしまうのだ。しかも、あらためてその続きをやろうとしても、すでに意欲は失われてしまっている。これはもったいない話である。

これから生活していくうえで、いつも自分の思いどおりの環境があるとは限らない。むしろ何かしらの邪魔が入るのは日常的であって、そこで集中力が失われるはよくあることだ。

そこで、さまざまな「邪魔」との向き合い方を身につけたい。理想的な対処のしかたや、邪魔のとらえ方があるのだ。

■中断したほうが記憶は長く残る

たとえば、映画やドラマを見ていると、よくこれからどうなるのかと息を呑むシーンで終わってしまい、「続きは来週」とか「続きはウェブで」と待たされることがある。

しかし、そのうち次回が楽しみになってきて、結局、いくら待たされても続きを見てしまうようになる。

これは「クリフハンガー手法」によるものだ。

人間は、いままで続けていたことが途中で中断してしまっても、そこで興味が失われることはない。

むしろ、その先はどうなるのだろうという興味が持続し、かなり時間が経ってからでも、その続きを楽しむことができるという特性がある。

それを利用したのがクリフハンガー手法であり、映画やテレビなどのエンタテインメントではよく利用されている。その元になる説を唱えたのは、ツァイガルニクという旧ソ連の心理学者だ。

彼は164人の被験者にひとつの課題を与えた。ただし、被験者の半数には最後までやらせたが、残りの半数は途中で中止させている。

その後、ある期間を経たあとで調べてみると、課題を最後までやりとおした被験者グループよりも、中断した被験者グループのほうが、課題の内容をはっきりと覚えているという結果が出たのだ。

ここから人間のひとつの特性が導き出される。最後までやりとおせば、たしかにそのときは満足感を得るが、そのかわりすぐに忘れてしまう。一方、中断したほうは残りが気になるので、いつまでも記憶しているというのだ。

人は達成できた事柄よりも、達成することができなかった事柄や中断していることのほうを強く覚えているのである。

■「邪魔」こそが集中力を生む

この現象は、日常生活のなかでもよく見受けられる。たとえば、学校のテストが終わったあと「あの問題、間違えたかも知れない」「途中まではわかったんだけどな……」と悔しい思いをすることがある。

スラスラ解けて正解の自信がある問題はすぐに忘れてしまうが、答えに自信がなかったり、最後まで答えが出せなかった問題のほうは、いつまでも気になってしかたがないものだ。

あるいは恋人と別れるとき、はっきりと別離の理由がわかっていれば、意外と早くスッキリと忘れられる。

しかし、なぜ別れることになったのかはっきりしなかったり、明確な別れ話がなく、いつの間にか縁が途切れたような別れ方だと、なかなか相手への思いが断ち切れない。そうなると、長い時間にわたって気持ちを引きずるものだ。

人間は、未完のもの、未達成のものに対してはずっと気になり、いつまでも覚えているのである。

だから、何かをしているときに途中で邪魔が入っても中断されたと怒る必要はない。集中力が途切れるどころか、むしろその瞬間から新たな集中力が生まれるといってもいい。多少の邪魔が入るくらいが、人間は集中できるのだ。

このことを知っていれば、無駄に怒りを感じることもない。むしろ、途中で邪魔が入ってもゆったりと構えて続きを待てばいいのである。そのことによって楽しみは倍増するし、集中力が高まって学習効果も伸びるはずだ。「邪魔」こそ大歓迎なのである。

4
「下り坂」は、こう考えると
もっと生きやすくなる

人間関係を楽にするために、まずすべきこと、やってはいけないこと

■相手のことをどう思うか

新型コロナが5類感染症に移ってから社員たちがオフィスに戻ってきた。社内が以前のように活気であふれているのはいいことだが、人の数が増えたぶん、それだけ人間関係の悩みも尽きないようだ。

「仕事帰りに飲み屋で憂さを晴らしている」回数がまた増えたという中堅社員のグチは、ビジネスパーソンなら他人ごとではないだろう。

中間管理職になって上司と部下に挟まれるサンドイッチ状態の年代になると、会社のみならず、家庭のなかの〝対人関係〟も複雑になってくる。日ごろから人間関係の悩みが尽きない人はけっして少なくないはずだ。

しかし、「自分はコミュニケーションの能力がないから……」と嘆く人はちょっと待ってほしい。人間関係を保つのが苦手だとか、つまずきやすいのは、単に自己表現方法を間違えているだけにすぎない。

コミュニケーションの基本は、自分の意見やモノの見方、主張をいかに的確に相手に伝えられるかにかかっている。つまり、「人間関係は、自分がどう思われているかではなく、どう思うかによって決まる」（アイルランド出身の文学者、ジョージ・バーナード・ショー）のである。

相手にどう思われているかは自分自身ではすぐに判断できない部分が大きいが、そうではなく、相手のことをどう思うかでコミュニケーションは簡単にとれる。これならば、自分の裁量の範囲で何とでもなるだろう。

■原因は一方通行のコミュニケーション

そこで、試してみたいのが「アサーション」という手段を取り入れたコミュニケーション術である。アサーションは自己表現方法の一種で、「自分も相手も思いやる、自分の気持ちの伝え方」だ。相手のことを尊重しながら、自分の思ったことを率直に口に出して言うだけでいいのだ。

しかし、言うは易く行うは難しではないが、いざ実践してみると案外むずかしい。たとえば、こんな経験は珍しくないだろう。

「部下に休日出勤を打診したら断わられてしまい、結局、自分が会社に出るハメになった」とか、「取引先から打ち合わせのあとに「軽く一杯どうですか？」と誘われた。その日はほかの飲み会が入っていたが、さすがに断れなかった」など、本当のことを言って断りたかったけれど、さすがにそれは口にできなかったのはよくある話だ。本当のことを口にしたとたんにいままで積み上げてきた信頼関係にひびが入る恐れがあるからだ。

そうかと思えば、「妻と銀婚式を祝おうと、レストランで2人で食事をする約束をした。でも、それがダメになってそのことを妻から叱咤され、逆上して怒鳴ってしまった」と、相手の気持ちを考えずについ言いすぎた経験もあるだろう。

人間関係が険悪になるのは、たいていの場合、一方通行のコミュニケーション不足に原因がある。そこで、アサーションの考え方を知ることができれば職場の人間関係や友人関係、夫婦関係をより円滑に、スムーズに運べるのだ。

■人間関係を楽にするアサーティブ

アサーションには、137ページの図のように3つの自己表現方法（タイプ）がある。

・アグレッシブ型（攻撃的）

このタイプの人は、他人のことを気にしないので、何かと言いすぎることが多い。自分のまわりを見回してみれば、2人や3人はいるはずだ。

「なんで、いつもそうなんだ」「言ったことができないならやめてしまえ」などと、攻撃的で、相手の立場を考えず、自分の主張を一方的に押し通そうとする。

ときには大声を出して怒鳴ったり、早口でまくしたてたりする。一歩間違えばパワハラに当たる可能性もあるが、自分を守ろうとする気持ちが強いために素直になれない側面がある。

・ノンアサーティブ型（非主張的）

自分の意見はひたすら押し殺して、相手の主張だけを優先するタイプ。日本人に多いタイプで、本当は言いたいことがあるのに、相手を目の前にすると口ごもったり、相手の立場を必要以上に考えて結局、「そうですよね……」「しかたがないですね」などと、わかったふうに押し黙ってしまうのだ。

そのため、その場はいったん丸くおさまるように見えても、長期的に見れば問題はいつまでたっても根本的な解決をみることがない。本人も文字通り「非主張的」な性格なので、周囲にはそんな配慮など気づかれることがなく、人知れずストレスをため込むことになる。

・アサーティブ

攻撃的で、自分の考えを一方的に押しつける「アグレッシブ型」と、その対岸に

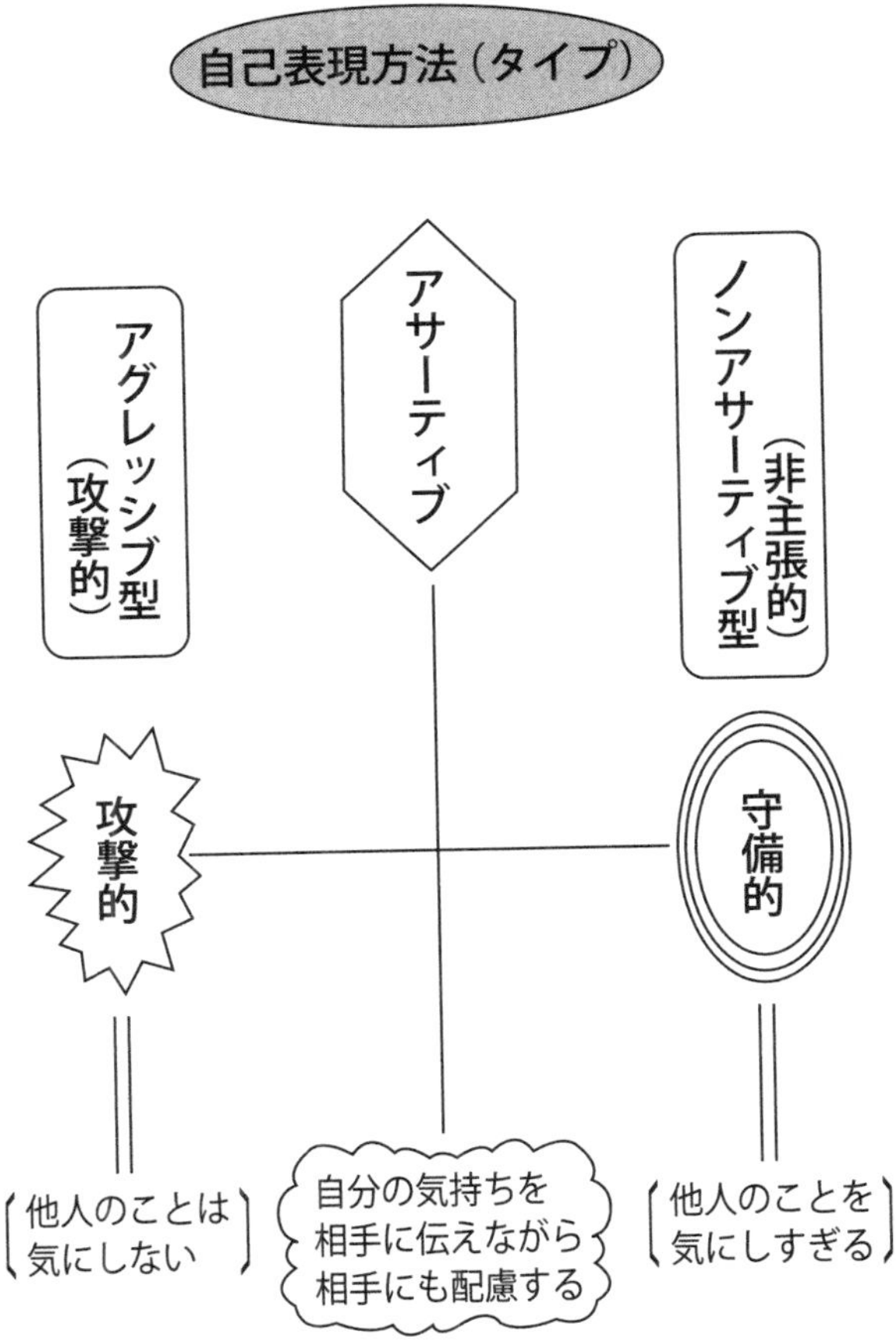
自己表現方法（タイプ）
アグレッシブ型（攻撃的）
アサーティブ
ノンアサーティブ型（非主張的）
攻撃的
守備的
他人のことは気にしない
自分の気持ちを相手に伝えながら相手にも配慮する
他人のことを気にしすぎる

ある非主張的な「ノンアサーティブ型」の中間にいるのが、「アサーティブ」だ。ひと言でいうと、相手の気持ちに配慮する人のことをいう。

自分も相手も大切にした自己表現方法で、自分の考えや主張を率直に相手に伝え、同時に相手の考えも尊重し、お互いに納得のいく着地点を探していく。

たとえば、他人の悪口ばかりを言う人がいるとする。そんなときには、不快な感情をガマンしたりするのではなく「人の悪口はよくないよ。それとも、あなたはあの人に意地悪でもされたの？」などのように、自己主張をしつつ相手のことを思いやる言葉を投げかけるのだ。

もちろん、すべてのケースにアサーティブが当てはまるわけではない。ときと場合によってはほかの対応で接したほうがいいケースもある。一概に八方を丸くおさめるのがいいとはいえないけれども、大切なのは、自信と心の余裕を持ってことに当たること。そうすれば人間関係は楽になるのだ。

引っ込み思案タイプが、50代を過ぎて〝飛躍〟することがあるのは？

■聞き役に徹して組織をけん引

長時間労働もいとわず、会社一筋に人生を捧げてきた。でも、気がつけばすでに50歳、下り坂を転がり始めている。途中で転職も考えたが、辛抱して勤めるうちに課長まで上り詰めた。

上司からは「チームの長になったんだから、もう少しリーダーシップを発揮して、部下のケツを叩いて売り上げを上げてくれなきゃ困るよ」とプレッシャーをかけられる……。

しかし、振り返れば30代から40代と、平日はもっぱら酒を飲んで寝るだけの働きバチになって、50を過ぎてもなおがむしゃらに働いている。でも、いくら考えても

「自分はどうもリーダーの器ではない」と引っ込み思案になる人は少なくない。

「この歳になって、トップダウンで組織をグングン引っ張るのには無理がある」「人前に出るのはどうも苦手」だというのもわかる。

しかし、時代は大きく変わりつつある。ひと昔前は、イケイケで先頭に立って旗を振り、集団をぐいぐいと引っ張るリーダーが多かったのだが、最近は聞き役に徹して組織をけん引する、物静かな「内向型人間」のリーダーが増えているというのだ。

内向型だからといって何も自分を責める必要はない。いまさら180度転換して社交的にならなくてもいいし、積極的になる必要なんかないのである。

内向型である自分を肯定し、内向型人間の特性や特質、強味を上手に味方につけて利用すれば、現代に合ったこれからのリーダー像に近づけるのである。

■相手の行動のワケを探す

では、成功している内向型のリーダーたちの特徴とは何か。彼らに共通する人物像を見てみよう。

まず、従来型のギラギラとした外向性のリーダーの真逆が内向性のそれだとすれば、内向型の人は文字どおり、何事も「内向きに、静かに考える」傾向がある。また、派手な立ち居振る舞いをする外向性の人間に対しておおむね控えめだ。

しかし、芯は強い。喜怒哀楽を表に出さないぶん、自分の軸をしっかりと持ち、芯の〝強さ〟が際立つ。一歩下がって冷静かつ客観的にものごとを観察する能力があるのだ。

感情が表に出にくいのは、情報をインプットして処理をしている間、ずっと考えているからで、そのためメールなどの返信が遅くなり、リアクションがないといわれることもある。判断力が遅いのではなく、考えることが多くあるためにそれに没頭してしまうからだ。

もうひとつ、内向型のリーダーは、仲間との距離を一定に保とうとする。これは、特定のメンバーの意見ばかりに肩入れすると本来の大きな目標を見失うからだ。適度な間合いをとることにより、メンバーそれぞれを平等に評価しようとする。まさに、つかず離れずの関係を保つのである。

「相手の考え、行動には、それぞれ相当の理由があるはずだ。その理由を探し出さなければならない――。そうすれば、相手の行動、相手の性格に対するカギまで握ることができる」とは、アメリカの著名な自己啓発家であるデール・カーネギーが残した言葉だ。

これは、相手の行動や考え方に対して、単に否定的な評価をするのではなく、その背景にある理由を探り、相手の立場に立って考えることがもっとも大切であると説いている。すると、あれこれ命令を出さずにメンバーを目標に導けるというわけだ。

■隠れたキーマンになれる

日本企業といえば、「24時間、戦えますか?」のCMのフレーズに象徴されるように、そのモーレツな働きぶりが世界中を席巻したものだ。歴代のトップを見てもそれは明白で、感情を隠すことなく表に出すため、どうしても注目される存在になってきた。

しかし、日本企業には昔から調整型の内向型リーダーは少なくなかった。猪突猛進型で「やるか、やらないか」を迫る即決型より、末端の部下に対しても聞く耳を持ち、チーム全体を上手にコントロールし、話し合いながらプランを進める。外向性のトップに比べて敵が少ないのも内向型の特徴で、それが日本の企業風土とマッチしているのである。

その「聞く耳を持つ」という点に限れば、内向性のリーダーは物事を俯瞰しながら「ビジョンを示す力」に長けているという点も見逃せない。

どういうことかというと、すべての案件をトップダウンで強力に推し進めるのではなく、あくまでリーダーとして方向性とか計画性を示して、それをチームのみんなで協議しながら一緒になって進めていくのである。

もちろん、運悪く失敗をしたときにはリーダーが全責任を負うのはいうまでもない。

こうして見ていくと、「外向型人間はリーダに向いている」というのはいままでの固定観念であり、間違いとはいわないが、その気になれば誰もがリーダーになることができる。リーダーになることは、外向型の人にだけ与えられた特権ではないのだ。

たしかに、内向型人間は1人でいるほうが好きだし、人づきあいが苦手だ。しかも、それをコンプレックスだと勝手に思い込んでいるフシがある。しかし、広く浅く人と会って話すのが苦手なだけで、人が嫌いなわけではない。

外向型人間のように誰とでも社交的になれないだけで、人をじっくり観察して、本音を見抜く力は外向型の比ではない。

もし、あなたが内向的な性格にもかかわらず、周囲の人に好ましい影響を与えているなら年齢は関係ない。すでにリーダーの資質を持っているといっていいだろう。裏方に徹しているように見せかけて、じつは隠れたキーマンかもしれないのである。

次のステップに進む前には、「集団のなかの自分」を掘り下げてみる

■50代の転職はむずかしい!?

ひと昔前は、社内の「働かない中・高年おじさん」社員がよくやり玉に挙がったものだ。パソコンも満足に扱えないのに、歳が上がるにつれて給料も自動的にアップしていたからだ。働き盛りの30〜40代の社員からしてみれば「やってられない」と感じるのも無理からぬところだ。

しかし、最近はこの「年功序列」は、日本的雇用システムの特徴といわれる「終身雇用」とともに崩壊の一途にある。ここ2〜3年で大企業は15万人以上のリストラを敢行しているし、その代わりに成果主義が幅を利かせるようになってきた。

もう50を過ぎたし転職を考えるなら最後かも、と多くの人は考えるかもしれない

が、インターネットに「転職　50代」と打ち込むと、年齢がネックになって「むずかしい」とか、「成功率は……」といった言葉が出てくる。

それが気に食わなければ会社を辞めて独立という手もあるが、よほどのコネや実績、資格、実力がなければ、50歳を超えてからの起業の成功率は驚くほど低い。まして65歳の定年まで待ってからからの独立開業ではもはやリスクしか伴わない。

そのうえ「住宅ローンもあるし……」「ウチは年をとってからの子だったから大学を卒業するまであと5年はある」場合は、定年までがんばるしかないのだろうか。

■誰でも集団に属している

ここで注目をしてほしいのが「社会的アイデンティティ」だ。

たとえば、いま勤めている会社をA物産株式会社だとする。あなたはこの会社の部長で、取引先には「A物産のB部長」で通っている。あるいは、新規の取引先と会う際にも「A物産○○課のBです」と名刺を差し出しながら名乗り出るだろう。

仕事帰りはいつもの居酒屋の、いつもの角の席に陣取り、同僚や子飼いの部下を相手に「ウチの会社は……だから」とか、「社長がさあ……今日は参ったよ」などとグチりながら一杯ひっかけているはずだ。このように、ある集団に自分が属している意識を社会的アイデンティティと呼ぶ。

よく考えてみてほしい。いまの会社を辞めてフリーランスになって1人で仕事を始めたとしても、仲間を集めて2、3人で小さな会社を立ち上げたとしても、取引先もそうだが、扱っている商材にしても何らかの〝業界〟に属さなくてはやってはいけないはずだ。

一匹狼といえば聞こえはいいけれど、社会の中で仕事をしながら生活をしている以上、人が集団を意識しないで生きていくのはむずかしいのである。

社会的アイデンティティとは、ようするにまわりの人間が、自分やほかの人を特定のグループに分類・識別するための〝ラベル〟のようなものだと考えるといい。

それは、職業や社会、経済的地位に限らず、世代や性別、国籍、民族、人種、宗教、政治的な所属先などが含まれる。自分自身のアイデンティティを形成するうえで十分な役割を果たす「自己概念」のひとつでもある。

■優位な集団(会社)に移りたい

ところで、人間は集団に属すると、自分がいる集団(内集団)は、ほかの集団(外集団)と比較して仕事ができて優れた存在であってほしいと願うようになる。

その結果、自分の内集団に利益を与えて「ここがほかよりもいい集団であってほしい」などと優位性を高めようとする「内集団ひいき」が起こる。

「わが社は、C社やD社よりも売り上げが高いし、そのぶん給料もいい」となるわけだが、誰だって自分の会社がいいわけだし、優れていてほしいと思っているはずだ。だから、ストレスを抱えても毎日通勤電車に揺られて会社に向かうのだろう。

これは、個人の自尊心ともけっして無縁ではない。つまり、自分のアイデンティティのなかに集団意識が芽生えたときに社会的アイデンティティが形成されるのだ。

しかし、人間とはわがままなもので、自分がいま属している集団がいつのまにか気に入らなくなる。「どうも合わない」「日増しにストレスを感じるようになった」「人間関係に疲れた」経験はないだろうか。

すると、人はどんな行動に出るか。会社を辞めることを考えるようになる。これは年齢に関係なく、考えれば考えるほど会社を辞めて転職をすることしか視野に入らなくなるのだ。

もちろん、いまのところよりもっと優位な集団（会社）に移ることが大前提だ。これを「社会移動」という。

■行動しないのもアリ

ただし、同じような不満を抱えていても行動を起こさない、あるいは起こせない人がいる。社会移動というのは「集団のなかの私」を意識することでそれが行動に表れたわけだが、その一歩が踏み出せないのだ。

「ウチよりももっと業績の悪い会社はたくさんある」とか「B社より給料とか待遇面はいいから満足している」などと、自分の会社（自分の内集団）よりも下とみなしている集団（他社）と比べて、「あそこの会社よりはマシだ」として意図的に不満をおさめようとするのだ。たしかに、現状維持を選択するのもひとつの手ではあるが。

ちなみに50代の男性で、会社を辞めてからの無職期間が15日以内の転職成功率は50〜60パーセントで、これが無職期間が3か月を超えるようになると20パーセント台まで下がってくるというデータがある。

つまり、無職期間がほとんどない50代の男性の場合、次の会社をしっかり見つけてから離職していることがわかる。また、一度、契約社員や派遣社員になると次の転職で正社員に戻れる確率は4分の1になる。

いずれにしても人は何らかの集団に属しているわけで、「集団のなかの自分」を意識せざるを得ない。どう行動すれば自分の人生に成果を残せるのか。じっくりと考えてみてはどうだろうか。

「脱・仕事生活」成功のカギを握るのは、小さな出会いの積み重ね

■6割の人が退職後にも仕事

いままでは60歳を定年とする企業がほとんどだったが、高齢者雇用安定法によって65歳までの雇用確保が義務づけられ、70歳までの就業機会を確保するための措置を講じることが努力義務となった。

だからというわけでもないだろうが、内閣府が全国の60歳以上に就業状況を尋ねたところ、「収入のある仕事をしている」人は4割近くもいる。しかも、男性の60歳〜69歳と女性の60〜64歳の人の6割以上が何らかの仕事をしているという。

リタイア後の第二の人生を楽しむために〝いま〟の仕事をがんばる欧米の人たちに比べれば、日本人の勤勉さは際立っているが、しかし、働く意欲はあっても年齢

を重ねてくると体が思うように動かなくなる。理由は人それぞれだが、退職後の人生は誰にも分け隔てなくやってくるのだ。

■気がついたら知り合いがいない

よく還暦を迎えたのを機に学生時代の同窓会が開かれるようになる。出席者はおおむね半分程度だといわれるが、さすがにその日は懐かしさもあって二次会、三次会に繰り出しておおいに盛り上がる。

ただし、懐かしさに浸るのはここまでだ。今日の数十年ぶりの出会いは、そうそうあることではないとみんなわかっている。

「ずいぶんふけたなお前」とか「孫がかわいくて……いまのランドセルって高いね」、「テニス部のAとつき合ってたの知ってるぞ、あれからどうした」などと話に花が咲くものの、かつての友人とつきあいが〝再燃〟することはない。

学生時代の旧友は卒業以来みな散り散りになり、「仲間」と呼べるのは職場の同僚だけとなった。おそらく、こんな人のほうが多いのではないだろうか。

1日の3分の1を会社で過ごすビジネスパーソンにとってこの状況はやむを得ない。しかも、退職後も働いているとはいうものの、非正規雇用や週に3〜4日程度のアルバイトでは職場の人間関係は希薄になる。

かといって、いま住んでいる地域に知り合いが1人もいないという人も少なくないのではないだろうか。

「ウチのことは全部、女房に任せてきたから」

「俺は定年まできちんと勤め上げて、カネのことで家族を路頭に迷わせたことは一度もない」

などと虚勢を張ったところで、会社を辞めて自宅中心の毎日を過ごすようになったいま、まわりを見回してみたら「友達が1人もいない」のはあまりにも寂しい限りだ。

■小さな出会いを積み上げる

人は年齢を追うごとに新しい環境に入っていくのが億劫になる。「いや、毎日が日曜日を思いっきり楽しみたかったから」と強がりを言ったところで、何もしないで1か月もだらだらと過ごしていれば、そのうち家族から邪魔者扱いをされるようになる。

それではと一念発起して、いきなり地域の行事に顔を出して「はじめまして、○○です」とやったところで、気後れしてしまううえ、「なじめない……」と嘆くのが関の山だ。

それよりは、いまからでもいいので地域でのつきあいを少しずつ始めるのだ。最初は月に一度でも二度でもいい。自治会の集まりに顔を出したり、地元の趣味サークルなどに参加するのだ。退職をするころには、それなりの深くて長いつきあいに成長しているはずだ。

いまの生活を、年齢を重ねながら地域にも比重を置いていくようにすれば、退職してからの「フリー」の時間が楽しみになるだけでなく、仕事がなくなったことへの虚脱感を感じなくてすむ。そうすれば、スムーズに「脱・仕事生活」に移行できるのだ。

そうして、小さな出会いを時間をかけて積み上げていけば、地域の人とも顔見知りになり、出会いの場も広がるようになる。

地域のコミュニケーションセンターで開催されている講座やセミナーを受講してもいいし、シルバー人材センターに登録をするのもいい。自分の経験や技術、資格を活かして月に2、3日でも稼働すれば（わずかだが）対価も得られる。

前から気になっていた近所の飲み屋に顔を出してみるのも人脈づくりとしては手っ取り早い。退職するころには、飲み友達が2、3人できているはずだ。

年代的にも退職後はUターン転職で実家に戻ることもあるだろうし、子育てから も解放されて新天地を求めて移住を考える人もいるだろう。そんなときにいまから地域社会に溶け込むことを意識しながら人間関係を構築する術を体得しておけば、たとえ生活する場所が変わっても十分に楽しい〝老後〟を送れるはずだ。

■セカンドライフのすごし方は万国共通

ところで、世界の定年事情は各国の置かれている状況によってまちまちだ。

たとえば、アメリカは公共機関の業務に携わる人や、警察や消防などを除いて定年制はない。自分でリタイアする年齢を決めるのだ。これはイギリスやカナダ、オーストラリアなども同じだが、ドイツの年金受給年齢は65歳なので、それとリンクして65歳が事実上の定年になっているところもある。

ただ、退職後のセカンドライフのすごし方については、各国とも共通点が多い。アメリカ人の場合は旅行を楽しむことが多く、国内外問わず、世界中をマイペースに旅してまわる人がいる。

２０２1年の第93回アカデミー賞で作品賞などを受賞した『ノマドランド』は、60代の女性がキャンピングカーに最低限の生活用品を詰め込み、車上生活をしながら日雇いの仕事を求めて、行く先々でノマドたちと交流する姿を描いている。

そのほか、アメリカ人は定年後にボランティア活動をすることが多く、趣味に没頭する人も多い。定年後に大学に戻り、自分の興味のある分野を深く学ぶ人も少なくない。ビジネス大国らしく、定年後に起業する人も多いのが特徴で、これは日本人と大きく異なる点かもしれない。

怒りを自分でコントロールできる「6秒ルール」とは？

■「怒り」という感情のメカニズム

「どうも年をとるにつれて怒りっぽくなってきた」と感じている人は多いのではないだろうか。

世のなかを見ても「高齢者は短気で怒りっぽい」というイメージが強いが、あながち間違いではない。じつは医学的な根拠もある。

もともと怒りの感情は、脳の扁桃体という部分でつくられる。しかし同時に腹内側前頭前野という脳の部分には、その怒りを抑制する機能がある。人が怒りを感じても、この偏桃体と腹内側前頭前野とがうまくバランスをとって怒りを表面に出さないようにしているのだ。

ただし、若いころは怒りを生み出す扁桃体が暴走しやすい。だから多少のことでも怒りっぽくなる。若者がすぐにカッとするのはそれが理由だ。

ところが、年齢を重ねていくと腹内側前頭前野の働きが優位に立ち、それが一時的におさまる。歳をとるごとによく「性格が丸くなった」といわれるのはそのためである。

しかし、それは長くは続かない。高齢になって脳が少しずつ劣化してくると、今度は腹内側前頭前野の働きがしだいに鈍くなる。怒りを抑制することができなくなってくるのだ。そのため、再び怒りやすくなるのである。

これは人間の脳と老化の関係を考えるうえで避けることのできない現象なので、ある意味ではしかたがないともいえる。歳を重ねるにつれて怒りっぽくなることを避けるためには、別の方法で怒りをコントロールしなければならない。

■予想外の結果に対する怒り

そもそも怒りの感情とは、どんなときに湧くのだろうか。いろいろな理由があるが、あるひとつの共通点がある。それは、自分の予想と異なる状況になったときである。

まず「こうなるはずだ」「こうなってほしい」という期待があるとする。ところが、実際にはそうはならず、自分の期待どおりにはならない。すると、それが「なぜこうなってしまうんだ！」という怒りへとつながるのだ。

たとえば、若いときは運転がうまかった人が、いまもきちんと正しく安全に運転できるはずだと思ってハンドルを握ったところが、思いがけない事故を起こしてしまい、「こんなはずじゃなかった。いったいなぜなんだ！」と怒りをあらわにするようなケースだ。

どう考えてみても原因は自分にあるのに、「相手の車が突っ込んできた」「車が故障していて、変な動きをした」「自分は絶対にブレーキを踏んだはずだ」などと自分を正当化する気持ちが生まれてきて、火に油を注ぐことになる。

人間はどうしても過去の成功体験にしがみつこうとする。それがあるから、「今後も必ずうまくいくはずだ」と思い込んでしまうわけだ。そして、うまくいかなくなると「そんなはずはない、以前はあんなにうまくいったのに」と誰彼なしに怒りをぶつけるようになる。

そんなことが重なると自分への懐疑心が湧いてきて、「承認欲求」が満たされなくなる。満ち足りた気持ちになることも日増しに減っていき、それにつれて周囲との関係に溝ができることになるのだ。

こうなるとますますイライラが募るようになり、それが怒りへの下地となって、ちょっとしたことでも気持ちがおさまらなくなってくる。それがまた周囲との新たな軋轢を生んだり、距離を遠ざけることへつながり、孤独感がよりいっそう増してくる。こうなると悪循環でしかない。

■冷静に向き合って分析すること

ではどうすればいいかというと、何よりも重要なのは怒りが湧いたときの状況を冷静に考えてみることに尽きる。

「いま、自分は怒りを感じているが、その理由は何だろう」ということを冷静に考えて本当の原因を突き止める。人間は理由がわからないことに対しては動揺しがちだ。だから、理由がはっきりわかれば怒りもおさまるはずである。

ただし、それはかなりむずかしい。それができるなら最初から怒りなど起こらないわけで、理由がわからないから怒りが増幅してくるのだ。

そこで、もうひとつ重要なのが家族以外の第三者と話すことだ。その人から客観的に状況を説明してもらうのである。そうすることで、怒りと冷静に向き合うことができる。

■怒りをコントロールするためのコツ

とはいえ、怒りを感じているときに他の人に話すことなど実際にはなかなかむずかしい。感情的になっているときは第三者と話すことさえ困難だろう。

そこで、少しでも怒りをコントロールするためにぜひ実行したいことがある。まず、怒りを感じたら、深呼吸をして数秒待つ。これによって、怒りそのものと向き合うための落ち着きと心の余裕を取り戻すのである。

多くの人は怒りを感じると呼吸が浅くなるものだが、怒りが湧いたときには、あえて深く呼吸するのだ。

深呼吸には副交感神経を高め、心身をリラックスさせる効果がある。つまり、深呼吸が怒りをおさえるというのは、医学的にも根拠があるのだ。

意識的にゆっくり時間をかけて息を吸い込み、同じようにゆっくりと息を吐く。深呼吸という行為に意識を集中させることによって、怒りの理由から気をそらすという効果もある。

そして、スパッと気持ちを切り替える。くよくよと考えていては、あとからあとからこみあげてくる怒りを冷静に分析することはできないし、ましてや人の話を聞くことなど土台無理な話だろう。

それができるようになるには、ふだんから他人の立場になって考えることや、なるべくポジティブな言葉を使う習慣をつけておくといい。

ひとつの考え方にこだわりすぎたり、ネガティブな言葉ばかりを使っていると、いざというときに湧き上がってきた怒りをコントロールできなくなるので、感情を整理する習慣を身につけておくことが不可欠だ。

■怒りをおさえるためのテクニック

ちなみに、怒りをその場でおさえこむためのいくつかのテクニックがある。そのひとつが、「6秒ルール」だ。

怒りを感じたら、すぐにそれを言葉や行動に出さないで、6秒間だけ我慢する。突発的な怒りは6秒ほどでおさまるといわれるからだ。怒りを感じているときに感情の赴くままに行動すると、それをおさめるのはむずかしいが、最初の6秒間だけ怒りをおさえこめば、なんとか冷静になれる。

さらに、怒りの感情は自分の体調とも深く関係している。睡眠不足だったり空腹の状態のときは、そもそもイライラしているので怒りの感情に火がつきやすい。疲れが溜まっている、どこか体が不調だという場合にも同様である。

日ごろの体調管理に気をつけて、感情を思いどおりにコントロールできる状態にしておくことは不可欠だ。

何歳になってもときめく出会いがある人は、何を意識しているのか

■同類項の友人を捨てる

あなたには、仕事をやめてから一生つき合える友達は何人いるだろうか。モノの本によると、年をとったら「広く、浅く」ではなく、趣味や飲み友達、仕事仲間などトータルで7〜8人もいれば十分だという。そんな気の合う人たちとワイワイ、ガヤガヤとやるのはたしかに楽しいものだ。

しかし、同じ価値観を持つ仲よし同士でいつまでも徒党を組んでいると、思考も知識もバージョンアップしないどころか刺激も受けない。

人づきあいには、刺激の賞味期限みたいなものがある。50代から60代、そして70代〜と、ステージごとに人間関係はリセットしてもいい。仕事や人間関係を、その

ときどきの情況によって人生のステージを変えるのだ。

そこで考えたいのが、50歳からの友達づきあいだ。

最初にことわっておきたいのだが、ここでいう〝友人〟とは、会社の同僚や上司、部下、趣味仲間、気のおけない旧知の悪友とはちょっと異なる。話をしていて、何かしらの刺激を受けたり、思わず心が弾んでしまうような何らかのトキメキを感じる人のことだ。

1年に一度でもいいので、そんなトキメキを感じる友人に会って話をするだけで、明日への活力が湧いてくるのである。

この「トキメキを感じる人」を定義するとすれば、一緒にいて心地よい刺激を与えてくれる人となるだろうか。性別は問わない。いつも自分のそばにいるとは限らないが、心地よい距離感を保っていることが前提で、それがまたいい具合に刺激し合える関係になるのである。

家族や仕事の仲間とは違う感覚で話せる友人がいるのといないのとではこれからの人生がまったく違ってくる。

ちなみに、その点では女性のほうが社会性がある。男性よりも言語能力や情報収集能力にたけているといわれ、彼女たちの会社や家庭以外の知り合いを見ればその数は夫より多い。会社と自宅を行き来するだけの〝会社人間〟の夫と比べてみても、社会性があるというのも納得できるだろう。

■美談に酔いしれない

トキメキを感じる人のことを「運命の人」というのは少々オーバーな気がするが、ではトキメキを感じる人とはいったいどんな人のことだろうか。

・初めて会うのになぜか初めてあった気がしない
・一緒にいるだけで自然にふるまえる自分がいる
・相手の考えていることがなんとなくわかる
・話をしていると新しいことを始めたくなる。
・好みのタイプ（異性）ではないのに惹かれる

・価値観が同じか、近い
・大風呂敷を広げることもなく、美談に酔いしれない
・意見が食い違っても非難しない
・物事を客観的にとらえられて、いつもニュートラルでいられる

このなかで、大風呂敷を広げることもなく、美談に酔いしれないという項目があるが、これは自分がかつて困難や逆境に立ち向かい、忍耐や努力をもって対応したことを思い出して美談に仕立て上げることだ。日本人ならではの「美談化する」文化だともいっていい。

なかには事実と異なり、尾ひれをつけた話がときが経つごとに大きくなってしまい、偽りの美談を見破られることもしばしばだ。それを聞かされているほうとしてはなんだか寂しい気もちになる。

仮に実際にあった話だとしても、それはすでに過ぎ去ったこと。いまさらほじくり返したところで、何のご利益も生まれない。

落語家の立川談志は「ほんとの美談は恥ずかしがって出てこない」と言ったことがあった。美談に思いを馳せるのは勝手だが、たとえ、相手が誰であろうとそれを口にするのはご法度だ。

また、物事を客観的にとらえられて、いつもニュートラルでいられる人の対岸にいるのが、なんでも白黒、あるいはイチかゼロかでモノを考える「イチゼロ思考」の持ち主だ。

たとえば、友人の裏切りに遭ったとき、どんな理由があるにせよ、即座に関係を断ってしまうタイプだ。気持ちはわからないでもないけれど、事情によっては「赦す」という選択肢もあっていい。

というのは、このイチゼロ思考には物事をイチかゼロかで見るあまり、判断を急ぎ過ぎてしまうきらいがある。なにかにつけて上から目線で相手や物事を見るようになるため、たとえたまに会う友人だとしてもリスクがある。

コロナ禍も明けて人の往来も戻ってきた。できるだけ多くの人と出会い、1年に一度でいいので自分をトキメかせてくれる人に出会いたいものだ。

時間が経つのが早くなったと感じたら、生き方を変えるチャンス

■記憶と時間の関係を法則にしたジャネー

光陰矢の如しというが、50歳を過ぎたくらいから若いころに比べて時間が経つのが早くなったと感じ始める人は多い。

あっという間に1日が終わり、1週間が過ぎ、1か月が経ち、そして1年の締めくくりがやってきて、また新しい年が始まる。その感覚は、年を重ねれば重ねるほど強く実感する。

誰にとっても時間の長さは同じはずなのに、なぜこのような年齢になるにしたがって時間の感覚の違いが生まれるのだろうか。その謎を解く鍵は、「ジャネーの法則」にある。

19世紀のフランスの哲学者ポール・ジャネーが考え出し、甥の心理学者ピエール・ジャネーが著書のなかで紹介したもので、「主観的に記憶される年月の長さは、若い者にはより長く、年老いた者にはより短く感じられる」というものだ。

ジャネーの法則では、「人生のなかの、ある時期における時間の心理的な長さは、年齢の逆数に比例する（年齢に反比例する）」と説明されている。ようするに、生きてきた年数によって1年の相対的な長さが短く感じられるようになり、その結果、時間の流れが早く感じるというわけだ。

もともと人間は、いままで経験したことがないことをやっているときは、いろいろと考えたり意識したりすることが増えるので、時間が長く感じられる。反対に、それに慣れてしまうと今度は長さが気にならなくなり、あっという間に時間が過ぎていく。

つまり、子どものころや若いうちは、生まれて初めて経験することが多いので、時間はゆっくり流れているように感じる。しかし、年を重ねていろいろな経験を積むとその経験には新鮮さがなくなるので、時間もすぐに過ぎてしまうというわけだ。

■時間を気にせずじっくり取り組む

時間が早く過ぎていくようになると、何か新しいことに挑戦しようとしたり、いままで十分に取り組むことができなかった趣味などにあらためてじっくり向き合おうとしても、なんだか時間が足りないような気になってくる。

ただでさえ自分に残された時間は短いと思っているのに、あまりにも時間の流れが早いので、つい焦ってしまうこともある。

あるいは、「若いころはこれくらいのことは短時間でやれたのに、いまはこんなに時間がかかってしまうのか」と落胆する人もいるだろう。高齢になってからの時間の早さになかなか慣れることができず、それが自分のせいのように思えて自信を失うこともあるはずだ。

そんなときは、このジャネーの法則を思い出してほしい。時間が早く流れるように感じるのは、自分自身の経験から生まれる自信の裏づけなのだ。何も心配する必要はないのである。

たとえば、50歳を過ぎてからいままでまったく経験したことのない新しいことにチャレンジしたり、生まれて初めて訪れる場所を旅したりすれば、おそらく時間はいつものようにゆっくり流れるはずだ。

人生でもっとも忙しい時期は、すでに過ぎている。もう何かに追いかけられて、自分を見失うこともないはずだ。これからは自分の時間を思いどおりに使い、じっくりと楽しむ生き方をしたい。

時間に支配されるのではなく、与えられた時間を最大限に生かして自分のために使う。そんなぜいたくな生活を意識すると、人生の楽しみも倍増するはずだ。

○参考文献

『世間ってなんだ』（鴻上尚史、講談社）、『30日で人生を変える「続ける」習慣』（古川武士、ゴマブックス）、『自分という壁』（大愚元勝、アスコム）、『弘兼流　70歳からのゆうゆう人生』（弘兼憲史、中央公論新社）、『「ねばならない」を捨てて生きる』（矢作直樹、幻冬舎）、『捨て本』（堀江貴文、徳間書店）、『ビジネス名言』（西東社編集部編、西東社）、『「もう怒らない」ための本』（和田秀樹、アスコム）、『社会心理学がとってもよくわかる本』（榊博文、東京書店）、『身近な人の死後の手続き』（佐藤省吾ほか4名、文響社）、『科学が突きとめた「運のいい人」』（中野信子、サンマーク出版）、『70歳から楽になる　幸福と自由が実る老い方』（アルボムッレ・スマナサーラ、KADOKAWA）、『メタ思考「頭のいい人」の思考法を身につける』（澤円、大和書房）、『「老後不安」を乗り越えるシニアエコノミー』（大前研一、小学館）、『還暦からの底力』（出口治明、講談社）、『自分イノベーション　これから10年、生き残る人の条件』（塚本亮、幻冬舎）、『大人になってやめたこと』（一田憲子、扶桑社）、『独居老人スタイル』（都築響一、筑摩書房）、『２０００万円もってないオレたちはどう生きるか（60歳からのリアル）』（岡久＋日本ライフシフト研究会、自由国民社）、『世界の名言１００』（遠越段、総合法令出版）、『他人の心理がわかる　心理学用語事典』（渋谷昌三、池田書店）、『おとなの週刊現代』（2021.Vol.2、2021.Vol.7、講談社）、『PRESIDENT』（2019.3.4号、2019.11.29号、2021.10.29号、2023.3.3号、2023.11.3号、プレジデント社）、読売新聞、日本経済新聞、夕刊フジ、ほか

○参考ホームページ

NHK100分de名著、内閣府、厚生労働省、東洋経済オンライン、ダイヤモンドオンライン、週刊現代、みずほリサーチ&テクノロジーズ、ビジネスインサイダー、日本ゆめ教育協会、UXコンサルティング&リサーチ、新宿しろくまカウンセリング、Morebiz、優遊自適、日本産業カウンセラー協会、東京商工リサーチ、ほか

青春文庫

50代《だい》からの「思考《しこう》のコリ」をほぐす本《ほん》

2024年 2月20日　第1刷

編　　者　知的生活追跡班《ちてきせいかつついせきはん》

発 行 者　小 澤 源 太 郎

責任編集　株式会社 プライム涌光

発 行 所　株式会社 青 春 出 版 社

〒162-0056　東京都新宿区若松町 12-1
電話 03-3203-2850（編集部）
　　 03-3207-1916（営業部）
振替番号　00190-7-98602

印刷／大日本印刷
製本／ナショナル製本

ISBN 978-4-413-29845-2

万一、落丁、乱丁がありました節は、お取りかえします。

“自己流”より断然おいしい！
「食べ物」のトリセツ
材料選びから、料理の裏ワザ、プロのコツまで

おいしいアスパラは「はかまの三角形」、トマトは「おしりの星」に注目……ほか“激ウマ300項目”をまるごとパッケージ！

話題の達人倶楽部［編］

(SE-843)

「自分の機嫌」をとる練習
いい気分が、いい人生をつれてくる

ちょっとくらいイヤなことがあっても、イライラ・モヤモヤしなくなる。どんな時でも、機嫌よくいられる仏教の知恵

名取芳彦

(SE-844)

50代からの「思考のコリ」をほぐす本

電車の中の「読む」「書く」習慣で、ひと味違う発信力を身につける方法……ほか　これなら、一生“進化”がとまらない

知的生活追跡班［編］

(SE-845)

大人のクイズ
答えが2つある漢字

「認める」の読み方、ひとつは「みとめる」、では、もうひとつは？　漢字の“二刀流”に挑戦！

馬場雄二

(SE-846)